Die Schwäbische Alb

Die Schwäbische Alb

Friedhelm Messow

Ein Natur-Wanderführer

Franckh'sche Verlagshandlung Stuttgart

Mit 46 Farbfotos von D. Deutschmann (1), E. Geduldig (1),
H. Schwarz (1) und vom Verfasser (43)
und 14 farbigen Karten und einem Blockbild von B. Matthes

Umschlag gestaltet von Kaselow Design, München, unter Verwendung
einer Aufnahme des Verfassers

CIP-Kurztitelaufnahme der Deutschen Bibliothek

Messow, Friedhelm:
Die Schwäbische Alb : e. Naturwanderführer ; [mit 40 Touren-
vorschlägen)
Friedhelm Messow. – Stuttgart : Franckh, 1987. –
    ISBN 3-440-05737-2

Franckh'sche Verlagshandlung, W. Keller & Co., Stuttgart / 1987
Das Werk einschließlich aller seiner Teile ist urheberrechtlich geschützt.
Jede Verwertung außerhalb der engen Grenzen des
Urheberrechtgesetzes ist ohne Zustimmung des Verlages unzulässig
und strafbar. Das gilt insbesondere für Vervielfältigungen, Übersetzung,
Mikroverfilmungen und die Einspeicherung und Verarbeitung in
elektronischen Systemen.
© 1987, Franckh'sche Verlagshandlung, W. Keller & Co., Stuttgart
Printed in Germany / Imprimé en Allemagne
LH 9 Ste / ISBN 3-440-05737-2 / Satz: Setzerei G. Müller, Heilbronn
Herstellung: Sellier-Druck, Freising

Die Schwäbische Alb

Einführung. 7
Geologie, Erdgeschichte, Entstehung der Landschaft. 11
Erdgeschichte auf der Alb von Ende des Jura bis ins Tertiär. . . . 15
Entwicklung der Alb-Landschaft seit dem Jungtertiär. 21
Karst 22
Die Alb in den quartären Eiszeiten 25
Landschaftsentwicklung seit der letzten Eiszeit 26
**Einige Details aus der Geschichte
der Schwäbischen Alb**. 28
Höhlen der Alb während der Eiszeiten 29
Die Alb als altes Siedlungsland seit rund 6000 Jahren 29
Eisenerzabbau seit keltischer und römischer Zeit 30
Wasserversorgung und Landwirtschaft. 31
Böden, Pflanzen- und Tierwelt, Klima. 34
Geschichte der Vegetation und des Klimas mit einigen
markanten Pflanzengesellschaften 35
Tierwelt. 41
Klima 41
Naturschutz, Ökologie. 42
Allgemeines zu den Tourenvorschlägen 43
Gebiet ① Randen, Wutach, Hegau- und Baaralb 46
  1 Rundwanderung Wutachknie bei Blumberg/Achdorf. . . . 50
  2 Immendingen – Donauversickerung – Aachtopf. 51
  3 Witthoh – und Hattinger Loipe 54
  4 Radrunden ab Tuttlingen 54
Gebiet ② Großer Heuberg, Hart, oberes Donautal . . . 56
  5 Heimatmuseum Tuttlingen und geologischer Lehrpfad . . . 58
  6 Beginn des Donaudurchbruchs bei Mühlheim,
NSG Hintelestal, Kolbingen, Lipbachtal. 59
  7 Thiergarten – Schaufelsen – Neidingen – Donautal 61
  8 Gosheim – Lemberg – Wunderfichte 62
  9 Skiwanderungen auf dem Großen Heuberg 62
  10 Radrunden auf dem Heuberg. 63
Gebiet ③ Hohenzollernalb und Balinger Berge 64
  11 Rund um den Lochen 67
  12 Gebirgstour beiderseits des Eyachtals 68
  13 Raichberg, Hangender Stein, Backofenfelsen. 69
  14 Skiwanderung ab Salmendingen zum Dreifürstenstein . . . 70
  15 Radrunde zum „Klettern" ab Balingen 71
Gebiet ④ Reutlinger, Uracher, Neuffener Alb 72
  16 Unterhausen – Nebelhöhle – Lichtenstein –
Echaztobel – Honau 77
  17 Bad Uracher Wasserfall- und Aussichtstour 78

18	Oberlenningen – Schlattstall – Grabenstetten – Falkensteiner Höhle – Bad Urach (– Buckleter Kapf – Dettingen/Erms) .	79
19	Weilheim – (Limburg –) Randecker Maar – Torfgrube – Teck – Owen („Vulkantour")	81
20	Von Sonnenbühl – Genkingen Ri. Roßberg und Ri. Nebelhöhle – Lichtenstein	83
21	Radrunde ab Metzingen	83

Gebiet ⑤ Münsinger und Zwiefalter Alb, Tautschbuch, Landgericht 84

22	Münsingen, Beutenlay, Naturlehranlagen – Apfelstetten – Hundersingen – Buttenhausen – Marbach	88
23	Heimatgeschichtlicher Rundweg bei Veringenstadt	89
24	Unteres Lautertal ab Anhausen / Indelhausen	89
25	Skiwanderung um den Sternberg bei Gomadingen	91
26	Radrunde Zwiefalten – Hayingen – Steinhilben – Upflamör – Zwiefalten	91

Gebiet ⑥ Blaubeurer und Ulmer Alb mit Lutherischen Bergen und Hochsträß 93

27	Blaubeuren, Blautopf, Felsenlabyrinth, urgeschichtlicher Pfad und Museum	96
28	Laichinger Tiefenhöhle und karstkundlicher Pfad	98
29	Ulm, Münsterturm, Brotmuseum	99
30	Skiwanderung auf der Sontheimer Loipe	100
31	Radrundtour Urdonau und Lutherische Berge	100

Gebiet ⑦ Göppinger und Geislinger Alb mit Kaiserbergen 102

32	Heiningen – Gammelshausen (Obstlehrpfad) – Landsöhr – Boßler – Neidlingen oder Boll	105
33	Schwäbisch Gmünd – Rechberg	107
34	Treffelhausen – Messelberg – Schnittlingen	108
35	Radrunden ab Geislingen	108

Gebiet ⑧ Albuch, Heidenheimer, Stubersheimer und Niedere Alb 110

36	Rundwanderung von Heubach aus	113
37	Sontheim mit geologischem Wanderweg – Wental – Weiherwiesen – Lauterburg (– Rosenstein) – Heubach	114
38	Ski- oder Fußwanderung auf den Altheimer und Gerstetter Loipen mit Abstecher zum Hungerbrunnen	115
39	Radrunden über den Albuch und die Heidenheimer Alb	115

Gebiet ⑨ Härtsfeld und südlicher Riesrand (Vor-Ries) bis zur Wörnitz 117

40	Bergbaulehrpfad Wasseralfingen – Röthardt	120
41	Von den Dolinen bei Ochsenberg zu den Kohlemeilern bei Nietheim, südliche Ebnater Loipe	121
42	Radrunde ab Nördlingen zum Härtsfeld	122

Anhang 124
Verkehrsverbindungen, Telefonnummern, Öffnungszeiten..... 124
Literaturverzeichnis 126

Einführung

Wie der Titel andeutet, sollen hier in erster Linie die natürlichen Eigenschaften und Besonderheiten dieses markanten süddeutschen Mittelgebirges vorgestellt werden. Vielen werden dabei vielleicht Felsen, Burgruinen, Wacholderheiden, Schafherden, Höhlen oder ein Quelltopf in den Sinn kommen. Bei ihnen soll die Lust zum Auffrischen dieser Erinnerungen geweckt werden. Und all jene, denen die Alb noch nicht so geläufig ist, sollen neugierig gemacht werden – auch mit Hilfe der Fotos und Zeichnungen.

Am besten lernt man die Alb zu Fuß, mit Langlaufski oder dem Rad kennen. Vorschläge für alle drei Fortbewegungsarten werden zu jedem der vorgestellten Gebiete gemacht. Den Touren vorangestellt wurden drei allgemeine Kapitel, aus denen Sie etwas über die Entstehung der so kontrastreichen Landschaft, die Entwicklung der Pflanzen- und Tierwelt und einige geschichtliche Details erfahren können. Immer wieder wird auch auf menschliche Werke der Zivilisation und Kultur eingegangen. Sie haben zu einer Umgestaltung der Natur geführt, häufig zu ihrer Gefährdung, ja Zerstörung. Auch auf der relativ dünn besiedelten Hochalb haben wir es fast nirgends mehr mit unbeeinflußter Natur zu tun, dazu ist das Land viel zu lange bewohnt: Es gehört zum „Altsiedelland", das sind die fruchtbaren Teile Südwestdeutschlands, in die vor gut 6000 Jahren die ersten Ackerbauern von Südosten eingewandert sind. Die Schwäbische Alb bietet zwar nur an wenigen Stellen allerbeste Böden, für bescheidene bis ordentliche Erträge reichte es aber meistens.

Eine größere Rolle spielt indessen bis heute die verkürzte Wachstumsperiode, die durch das kühlere Höhenklima bedingt ist. Hierbei gilt aber zu unterscheiden: Es gibt Regionen mit über 800 m, auf der Südwestalb auch 900 m hohen Lagen und deutlich höheren Niederschlägen als z. B. im begünstigten Neckarbecken und Oberrheintal. Teile der Alb zur Donau hin, besonders nordöstlich von Ulm oder am Ries, sind aber recht trockene Getreide-Anbau-Gebiete. Hier von „rauher Alb" zu sprechen, bedeutet eine unzulässige Verallgemeinerung, die mit der Wirklichkeit nichts zu tun hat. – Und kommen Sie einmal im Spätherbst oder Winter auf die vermeintlich rauhe Alb, wenn im Tal der Nebel tagelang hockt, Rauhreif hinterläßt, Glatteis verursacht: Dann kann oben die Sonne mächtig wärmen und die milde, dunstarme Luft ausgezeichnete Fernblicke ermöglichen. Solche Temperaturumkehr- oder Inversions-Wetterlagen sind nicht selten. Eine Wanderung z. B. über die Tausend-Meter-Berge der Südwestalb ist bei solchen Bedingungen ein herrliches Erlebnis.

Nach allgemeiner Übereinkunft reicht die Schwäbische Alb vom Hochrhein bis zur Wörnitz oder vom Randen zum Ries oder von der Küssaburg (bei Tiengen) zur Harburg (Abb. 58). Nach Norden/Nordwesten ist die Hochalb eindeutig begrenzt durch den Albtrauf. Sein steiler, mit

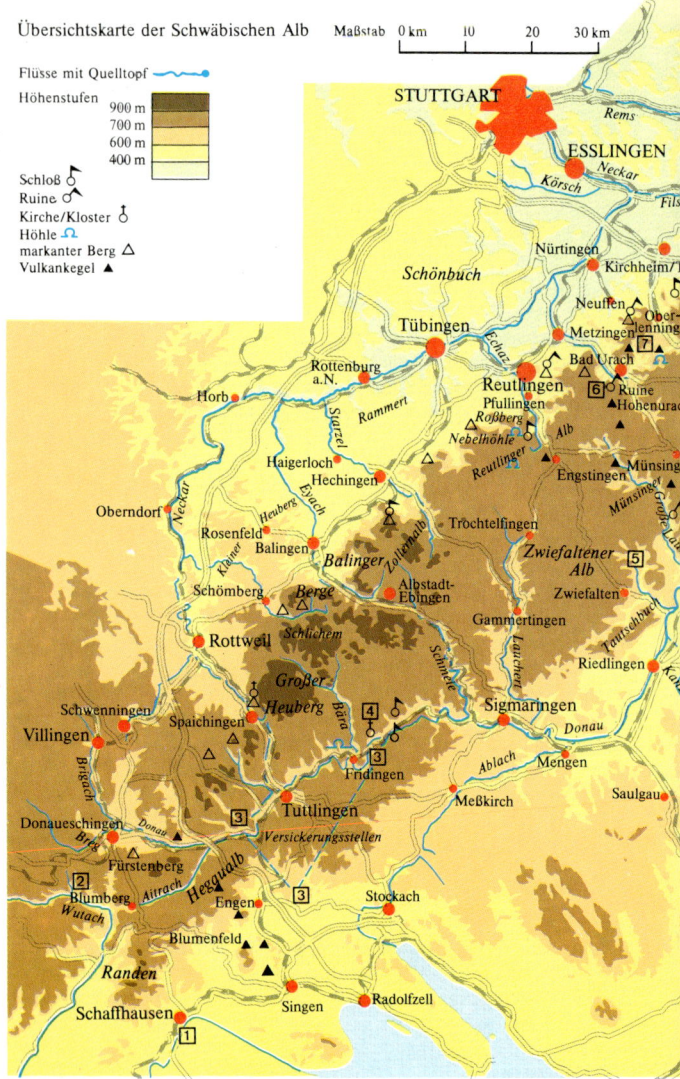

hellen Kalkfelsen durchsetzter Abbruch wirkt von weitem geschlossen, fast mauerartig. Wie zerlappt er oft ist, von Flüssen des Neckarsystems angenagt, zerschnitten, erkennt man schnell bei näherer Betrachtung einer Übersichtskarte. Nach Süden gegen Ober- oder Bayerisch Schwa-

Einführung

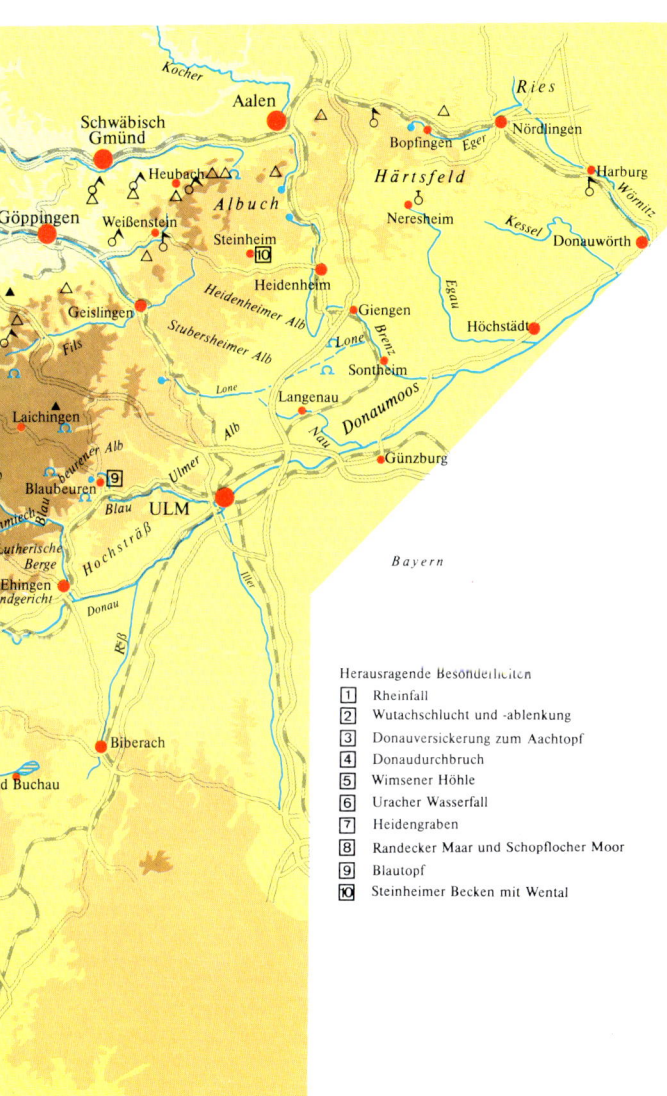

Herausragende Besonderheiten
1. Rheinfall
2. Wutachschlucht und -ablenkung
3. Donauversickerung zum Aachtopf
4. Donaudurchbruch
5. Wimsener Höhle
6. Uracher Wasserfall
7. Heidengraben
8. Randecker Maar und Schopflocher Moor
9. Blautopf
10. Steinheimer Becken mit Wental

ben bildet über weite Strecken die Donau die Grenze. Allerdings hat dieser europäische Strom in seinem obersten Lauf zwischen Tuttlingen und Sigmaringen sich schräg und tief durch die Albtafel gesägt und einen beeindruckenden Durchbruch hinterlassen. So ist die Abgrenzung zum

Einführung

Abb. 2. Typische Wacholderheide auf der Schwäbischen Alb, eine Kulturlandschaft, die nur durch regelmäßige Schafweide oder mechanische Pflege zu erhalten ist.

westlichen Oberschwaben und zum Hegau etwas erschwert. Zudem rückt im äußersten Südwesten der Alb, im Wutachgebiet, der Schwarzwald ganz nahe, nur durch die flache Mulde der Baar getrennt. Nach Südwesten findet die Alb ihre Fortsetzung im Schweizer und Französischen Jura, nach Nordosten im Fränkischen Jura. Insgesamt ergibt sich so ein rund 700 km langer, geschwungener Gebirgszug mit vielen Ähnlichkeiten in Gesteinsaufbau, Pflanzenwelt und Landschaftsformen.
Aber die Schwäbische Alb bietet auch Seltenes und Einmaliges: Flußversickerungen, Vulkanröhren, Meteorkrater, Höhlen und vieles mehr – es gibt viel zu entdecken zwischen Schaffhausen und Donauwörth. Nicht zu vergessen sind die Schlösser, Kirchen, Museen, auch technische Glanzstücke wie die Albwasserversorgung. Hinweise auf vieles davon werden vor allem in den Tourenvorschlägen zu finden sein, die Betonung liegt aber auf Natur und Wandern. Zu letzterem in allen Formen sind Sie hiermit aufgefordert!

Geologie, Erdgeschichte, Entstehung der Landschaft

Viele Betrachter halten die heutige Landschaft in der Regel für fertig und unveränderlich. In unseren Breiten kommen große Erdrutsche, katastrophale Hochwasser oder Erdbeben so selten vor, daß man kaum an solche Ereignisse denkt. Anders ist dies schon in den Alpen; die Menschen dort sind auf häufigere Bedrohungen durch Steinschlag, Lawinen, Felsstürze, über die Ufer tretende Wildbäche eingestellt. Mit Hilfe aufwendiger Technik ist es zwar annähernd gelungen, die Naturkräfte zu „zähmen", doch drohen jetzt Gefahren z. B. durch das Waldsterben. So nützen beste Lawinenverbauungen nichts, wenn der Wald am erosionsgefährdeten Steilhang darüber auslichtet und abstirbt.
Auf der Schwäbischen Alb ist Ähnliches kaum zu erwarten, aber an dem nach Westen und Nordwesten weisenden Steilhang, dem Albtrauf, könnten sterbende Wälder die ohnehin häufigen Rutschungen sehr erleichtern. So ist z. B. der Westhang des Lembergs bei Gosheim, mit 1015 m die höchste Erhebung der Schwäbischen Alb, ein gefährdeter Hang. Würden hier große Waldflächen rasch ausfallen, dann wäre etwa die Straße nach Wilflingen nicht lange zu halten.
Mit diesem aktuellen Beispiel soll gezeigt werden, daß sehr wohl auch die Alb in einem ständigen Wandel begriffen ist. Nur sind Ausmaß und Geschwindigkeit der Veränderungen regional höchst unterschiedlich, wie später öfters belegt wird.

Geologie, Erdgeschichte

Die Zeiträume in der Erdgeschichte sind ungeheuer groß, ähnlich den räumlichen Dimensionen unseres Sonnensystems. Für das Alter der Erde werden zwischen 4,5 und 5 Milliarden Jahre gerechnet. Hingegen stammen die wesentlichen Gesteine der Schwäbischen Alb aus einem vergleichsweise kurzen Abschnitt, dem mittleren Erdmittelalter oder Mesozoikum. Es sind Sandsteine, Tonsteine, Mergel (Ton und Kalk), Kalksteine des Jura, der weiter unterteilt wird (siehe Tabelle). Das gesamte Gesteinspaket ist etwa 700 bis 900 m mächtig. In ihm fallen Schichtpakete mit vorherrschenden Farben auf, die bereits vor langer Zeit zur Einführung der Namen Schwarzer = Unterer Jura, Brauner = Mittlerer Jura, Weißer = Oberer Jura führten. Alle späteren chemisch-physikalischen Veränderungen, Neubildungen von Gesteinen, Verwitterungsvorgänge treten vom Umfang her gegen die Juraschichten zurück. So wird unter Erdwissenschaftlern auch der Begriff Schwäbischer Jura fast im gleichen Sinn wie Schwäbische Alb verwendet.
Aus der Beschaffenheit und den Lagerungsbeziehungen der Gesteine lassen sich Rückschlüsse ziehen z. B. auf Klima, Meer oder Süßwasser,

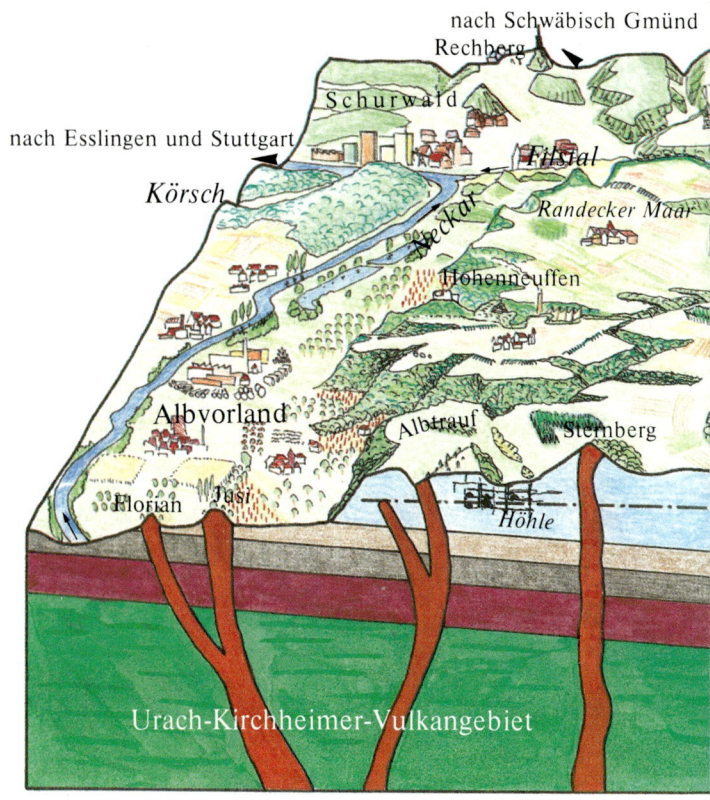

Abb. 3. Schematischer Schnitt durch die Schwäbische Alb von NNW nach SSO, etwa Linie Metzingen – Zwiefalten.

Fluß, Wassertiefe, Strömung, Liefergebiet von Sandkörnern etc. Zusätzlich wichtig, auch für die Alterseinstufung im Vergleich zu anderen, ähnlichen Gesteinen, ist die Bestimmung versteinerter Lebewesen / Fossilien. Mit allen diesen Informationen können paläogeographische Zustandsbilder entworfen werden, deren Aneinanderreihung die veränderliche Verteilung Meer – Land mit Lücken wiedergibt. Sie legen folgenden Ablauf nahe: In der Trias (Buntsandstein, Muschelkalk, Keuper) waren zunächst große Flußsysteme bestimmend, die den Buntsandstein schütteten. Während des Muschelkalks bedeckte ein warmes, flaches Meer unseren Raum. Mehrfach wurde es vom Weltmeer abgeschnürt, der Salzgehalt stieg, weil Verdunstung überwog, und so kam es zu Eindampfungen. Die großen Steinsalzlager des Heilbronner Raums

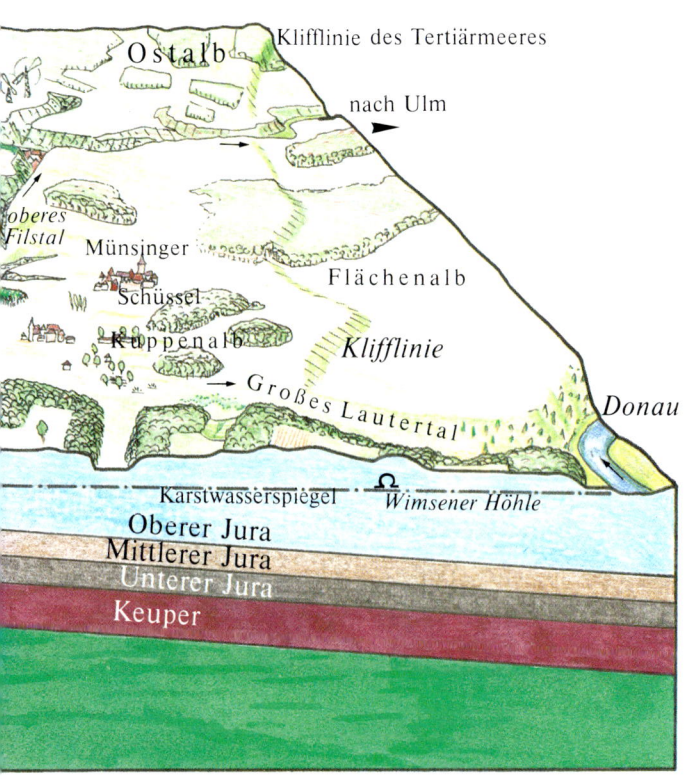

und bei Haigerloch (Zollernalb-Vorland) sind in dieser Zeit entstanden. Im Keuper herrschten alle Einflüsse nacheinander; erst Eindampfung (Gips, Salz), dann Flußsysteme, die das „Germanische Becken" mit Sandsteinen und Tonsteinen füllten, dazwischen trockenheißes Klima mit Wüstenverhältnissen, die z. B. aus der roten Farbe des Knollenmergels ersichtlich werden (Trossingen, Gebiet 1).

Bis zu Beginn des Jura breitete sich erneut ein flaches Meer über ganz Süddeutschland aus und mit ihm eine reiche Lebewelt mit vielen Arten. Noch waren die Küsten nie weit weg, wie die Lagen gröberer Gerölle und Sande zeigen, die im gesamten Schwarzen und Braunen Jura vorkommen. Das Klima im Unterjura entsprach der gemäßigten Zone, ähnlich wie heute. Die Küstenlinien schwankten häufig und mit ihnen Wassertiefe, Strömungen und Liefergebiete. Insgesamt überwiegen im Schwarzen Jura feinkörnige Ton- und Sandsteine mit dunklen Farben. Treten Kalkmergelbänke auf, dann kann man sie mit einzelnen Meeresvorstößen erklären.

Geologie

Einer dieser Vorstöße ließ es offenbar für längere Zeit zu einer Meeresbedeckung Süddeutschlands kommen, im Schwarzjura epsilon. Uns fallen heute im damals abgelagerten Posidonienschiefer (genannt nach einer massenhaft versteinerten, kleinen Muschel) die fast schwarzen Gesteinsfarben auf, auch ist diese Schicht reich an Fossilien, alles Meeresbewohner. Die Gesteinsfärbung rührt von einem Gehalt an Schwefelkies (FeS_2) und an Kohlenwasserstoffen / Bitumina (rd. 7%) her. Die Ursache für diese Beimengungen ist mangelnder Wasser- und Sauerstoff-Austausch im damaligen Meer. Im kalten Tiefenwasser verweste abgestorbene organische Substanz unter Luftmangel nur durch die Arbeit anaerober Bakterien. Durch heftige Stürme wurde wohl öfters das lebensfeindliche Tiefenwasser aufgewühlt, ein Teil der üppigen Lebewelt kam um, sank in ihrer Vielfalt ab und blieb zum Teil fantastisch erhalten. Wir verdanken einem solchen Ereignis die weltberühmte Fossillagerstätte von Holzmaden bei Kirchheim/Teck.

Die kurze Jura-Paläogeographie Süddeutschlands soll noch vervollständigt werden: Die Braunjura-Zeit brachte neue Meeresverbindungen, vor allem nach Süden, und damit stiegen die Wassertemperaturen. Das süddeutsche Flachmeer wurde nach und nach der Tethys (das ist das erdmittelalterliche Mittelmeer, das viel größer als das heutige war) angegliedert. Aber noch lassen sich Sandstein-Schüttungen (wie in der Trias) bis in den baltisch-skandinavischen Raum zurückverfolgen. Weitere Gesteine sind feinsandige Tone, Kalksandsteine mit z. T. erheblichem Eisengehalt (bis in unser Jahrhundert örtlich abgebaut) und Horizonte mit Eisenoolithen (schalig-kugeligen Eisenanreicherungen). Der Rost des fein verteilten Eisens prägt Farbe und Namen des Braunen Jura. Im Weißen Jura konnte sich dann für etliche Mio. Jahre der mittelmeerische Einfluß durchsetzen. Wassertemperaturen von 20 bis 27 Grad C ermöglichten erst Schwämmen, später auch Korallen, zusammen mit Algen und anderen Kleinstlebewesen ihre Kalk-Riffe zu bauen. Die Riffe wuchsen schnell in die Höhe und nahmen immer mehr Fläche in Anspruch, so daß die verbliebenen Senken zwischen ihnen kleiner wurden. In den Senken setzten sich Kalk- und Ton-Schlämme ab, die heutigen Weißjuramergel und -bankkalke. Zuoberst und zuletzt im schwäbischen Jura wurden die Zementmergel abgelagert, die das frische untermeerische Relief zum Teil wieder ausglichen.

Von dieser über viele Mio. Jahre abgelaufenen Gesteinsbildung fallen uns heute mehrere Dinge auf, die uns auf der gesamten Schwäbischen Alb immer wieder begegnen:
- Die Untergliederung in feine Bänke und Lagen, vom Schwarzen bis in den unteren Weißen Jura;
- darüber massiger, ungeschichteter Kalk, die ehemaligen Riffe. Fast der gesamte Trauf mit seinen weithin sichtbaren, hellen Felsen wird von solchen Kalken gebildet.
- Schutthalden, meist am Fuß des Albtraufs.
- Eine Häufung von Fossilfunden. Der gesamte Jura ist reich daran: Muscheln, Ammoniten, Seelilien, Schwämme, Seeigel, Fische, Meeressaurier, seltene Korallen und vieles mehr.

Indirekt mit der Beschaffenheit und dem Chemismus der Gesteine hängt der Bewuchs zusammen, besonders dort, wo seitens der Landwirtschaft die natürlichen Gegebenheiten des Bodens wenig verändert wurden.

Erdgeschichte auf der Alb von Ende des Jura bis ins Tertiär

Wie zuvor erwähnt, fand die hauptsächliche Bildung der Gesteine der Schwäbischen Alb im Jura statt. Alle späteren erdgeschichtlichen Ereignisse dauerten entweder nicht sehr lang, erfaßten nicht die gesamte Alb, oder es fehlen zuverlässige Nachweise für damalige Abläufe. Mehr weiß man über die Entwicklung der Landschaft bis heute, seit unser Flußnetz sich vor rund 5 Mio. Jahren auszuprägen begann. Dazu später mehr.
Bis zum Beginn der Kreidezeit vor rd. 135 Mio. Jahren tauchte Südwestdeutschland vollständig aus dem flachen Jura-Meer auf und blieb für rund 90 Mio. Jahre landfest. Abtragung und Verwitterung konnten einsetzen, als spezielle Zerstörung von Kalksteinen auch die Verkarstung. Dabei werden sonst so harte Kalksteine vom kohlensauren Regen und Sickerwasser langsam aufgelöst. Kreide-Ablagerungen kommen in Südwestdeutschland nirgends vor. Man kann daher annehmen, daß genug Zeit war für die erste Zertalung, Abtragung, Verkarstung der aufgetauchten Juraplatte. Allerdings ist man dabei auf Vermutungen und Rekonstruktionen angewiesen. Daß der Jura sehr viel weiter nach Norden und Westen verbreitet war, läßt sich aber nachweisen. Einmal wurden in den Schloten der Vulkane Katzenbuckel im östlichen Odenwald und im Steinsberg im Kraichgau (beide Tertiär) Braunjura-Brocken gefunden, rund 100 km von der Alb weg, dann stehen an den Rändern des Oberrheingrabens und in seinem Untergrund Jura-Schichten an, und als der Alb nächstes Vorkommen gelten Weißjura-Trümmer im Scharnhäuser Vulkan südöstlich von Stuttgart. Sie beweisen, daß der Albtrauf vor rund 10 Mio. Jahren zumindest hier rund 20 km weiter nördlich verlief. Auch die heutigen Ausliegerberge/Zeugenberge mit Weißjura-Kappen wie der Hohenstaufen, Hohenzollern und viele mehr gehören in diese Reihe.
Bei den erwähnten rund 90 Mio. Jahren ist der erste Abschnitt des Tertiärs enthalten, in dem sich noch nichts Entscheidendes gegenüber der Situation seit Ende des Jura veränderte. Erst mit Beginn des Eozän erfuhr Südwestdeutschland tiefgreifende Umgestaltungen. Am Nordrand der entstehenden Alpen wurde der Molassetrog von einer Absenkung erfaßt, die im Laufe der Zeit immer weiter nach Norden reichte. Gleichzeitig entstand in einer alt angelegten Bruchzone der Oberrheingraben. Diese beiden Becken wurden mit bis zu mehreren Kilometern mächtigen Sedimenten unterschiedlichster Herkunft und Zusammensetzung gefüllt. Es gab sogar eine relativ kurze Zeit im Oligo-

Geologie

Erdgeschichtliche Tabelle für die Schwäbische Alb

Alter				Markante Ereignisse und Schichten
Erdneuzeit/Känozoikum	Quartär	Holozän		Bodenbildung, Einwirkung des Menschen auf die natürliche Umgebung
			10 000 J.	
		Pleistozän		mehrmalige Vergletscherung des Alpenvorlands bis auf kleine Teile der südlichen Schwäbischen Alb hinauf
			~2 Mio. J.	
	Tertiär	Pliozän		Entwicklung des heutigen Flußnetzes
			~ 7 Mio. J.	
		Miozän	~ 15 Mio. J.	Vulkanismus auf der Mittleren Alb und im Hegau, Meteoreinschläge auf der Ostalb, Meeresküste etwas nördlich des Albsüdrands (Kliff)
		Oligozän		Meere im Molassebecken nördlich der Alpen, Füllung von Karstspalten auf der Alb
			~ 38 Mio. J.	
		Eozän Paläozän		
			~ 65 Mio. J.	

zän, in der der Oberrheingraben als Meeresverbindung zwischen Norddeutschland und dem nordalpinen Becken diente.

Die andauernde Verbreiterung des Grabens ermöglichte, daß entlang tiefreichender Brüche glutflüssiges Material (Magma) aus dem oberen Erdmantel aufstieg und den Kaiserstuhl-Vulkan bildete. Nach und nach haben sich gleichzeitig mit dem Einsinken des Grabeninneren die Randschollen Schwarzwald und Vogesen erst voneinander weg, dann, bis heute, auch aneinander vorbei bewegen können. Sie stiegen in der jüngsten Erdgeschichte um erhebliche Beträge in die Höhe, gemessen am Albtrauf um bis zu 1,5 km.

Die Entwicklung des heute vorliegenden Schichtstufenlandes mit der typischen Abfolge Steilanstieg – Verebnung – Steilanstieg war damit bereits angelegt. Ursache für diese vielfältige südwestdeutsche Landschaft, in der die jeweils jüngere Schicht leicht schräg über der älteren

		Alter	Markante Ereignisse und Schichten
Erdmittelalter/Mesozoikum	Kreide	Kreide	in Südwestdeutschland keine Ablagerungen, festländische Verwitterung, eventuell auch Verkarstung der Jurakalke
		~135 Mio. J.	
	Jura	Oberer = Weißer Jura	in Süddeutschland warmes, meist flaches Meer, reiches Leben, Bildung mächtiger Kalksteine, weniger Mergel
		~155 Mio. J.	
		Mittlerer = Brauner Jura	bis zum Ende des Braunjura unterschiedliche Meeresverbreitung mit Küstenbildungen (eisenhaltige Sandsteine)
		~175 Mio. J.	
		Unterer = Schwarzer Jura	epsilon (Posidonienschiefer) mit reicher Lebewelt, Vordringen des Meeres
		~195 Mio. J.	
	Trias	Keuper Muschelkalk Buntsandstein	zeitweilig wüstenhaftes Festlandsklima, zeitweilig eindampfendes Meer
		~225 Mio. J.	
Erdaltertum/Paläozoikum			nur örtlich im Untergrund Ablagerungsgesteine, sonst Grundgebirge (Granite, Gneise)

liegt, ist die erwähnte Hebung des Schwarzwaldes. Sie erfaßte den Süden stärker als den Norden. Deshalb sind im Nordschwarzwald noch Trias-Sedimente, im Südschwarzwald nur wenige Reste aus dem Erdaltertum erhalten. Eine weitere Folge dieser vom Untergrund des Oberrheingrabens ausgehenden Bewegung ist die Entfaltung eines regelrechten „Gesteinsfächers". Wie eine geologische Übersichtskarte schnell zeigt, sind die einzelnen Schichten von Waldshut nach Nordosten zunehmend breit entwickelt. Gleichzeitig sind die Schichten im Südwesten einige Grade geneigt, im Nordosten, nach Franken zu, liegen sie über weite Entfernungen eben oder nur schwach nach Südosten geneigt. Durch diese generelle Neigung im gesamten südwestdeutschen Schichtstufenland werden zum Molassetrog hin die Gesteine immer jünger.

Kurz noch zur Molasse: Der Name stammt von der französisch-schweizerischen Bezeichnung für einen weichen, feinkörnigen Sandstein. Der Molassetrog war immer wieder von flachen Meeren erfüllt, wovon eines im Miozän (4. Tertiärabschnitt) von Süden her auf die Alb übergriff. An ihren Jurakalken hatte die Brandung dieses Meeres kräftig zu arbeiten, so daß eine felsige Steilküste mit einem richtigen Kliff entstand. Muscheln und andere Organismen haben in die Steilküste Löcher gebohrt, die man heute z. B. in Heldenfingen (Albuch) sehr gut sehen kann. Auch an anderen Stellen kommt das Kliff in der Landschaft über weite Strecken als Steilstufe von bis zu 50 und mehr Metern Höhe klar zum Vorschein. Zum Teil läßt es sich direkt aus der topographischen Karte herauslesen.

Das Kliff trennt den nördlichen Streifen der Kuppenalb vom südlichen der Flächenalb, die damit zum Teil einen ehemaligen Strand darstellt. Tertiäre Sedimente, z. B. Füllungen von Karstspalten, zum Teil mit Knochen damaliger Wirbeltiere, oder Bohnerzkörner (schalenförmig angereichertes Brauneisen) sind überall verbreitet, vom Molassetrog herüberreichende Gerölle und Sandsteine in nennenswertem Umfang nur südlich der Klifflinie. Weiterhin kam es auf der Alb auch zu dieser Zeit, als im Oberrheingraben und im Molassetrog kräftig sedimentiert wurde, zu weiterer Abtragung und Verkarstung der Jurakalke, zur Entwicklung der heutigen Landschaft.

Das Miozän ist aus weiteren Gründen für die Alb eine erdgeschichtlich bedeutende Zeit. Es liefen damals folgende markante, bis heute gut sichtbare Ereignisse und Entwicklungen ab:
- Vulkanismus unterschiedlicher Art, einmal im Gebiet Urach – Kirchheim, zum anderen im Hegau;
- Meteoreinschläge auf der Ostalb, die den gewaltigen Krater des Ries und das kleinere Steinheimer Becken hinterlassen haben.

Der „Schwäbische Vulkan" um Urach und Kirchheim hat an über 300 Stellen, wahrscheinlich bedingt durch unter hohem Druck stehendes Gas, das Deckgebirge durchlöchert. Dessen Schichten wurden zertrümmert, Brocken bis hin zur Größe ganzer Schollen mit vulkanischem Lockermaterial gemischt. Man nennt die Füllung der meisten Vulkane „Schlotbrekzien" oder „Tuff". Nur an wenigen Stellen drang auch glutflüssiges Magma bis an die Erdoberfläche. Die Vorgänge erstreckten sich vermutlich über mehrere Millionen Jahre, bis vor rund 10 Mio. Jahren. Die genaue Entstehung ist noch nicht ganz geklärt. Es könnte auch sein, daß in die Erdkruste aufsteigendes Magma mit tiefen, alten Grundwasserlagen in Berührung kam, das daraufhin schlagartig verdampfte und so gewaltige Sprengkraft erlangte. Unabhängig davon, wie es nun geschah, können wir uns heute an zweierlei erfreuen: der großen Vielfalt der Vulkanformen und einigen Thermalquellen zwischen Bad Urach und Bad Überkingen.

Auf der Hochalb stauen die verwitterten Vulkantuffe das Wasser, anders als die sie umgebenden, meist klüftigen Kalksteine. Auf den Tuffen haben sich feuchte Senken bilden können, entspringen z. T. auch kleine Bäche, die aber meist nach kurzem Lauf in Dolinen am Rande des

Schlots entschwinden (z. B. Donnstetten). Das Wasser zog die Dorfgründer an und war den Bewohnern bis ins letzte Jahrhundert sehr wertvoll. Noch heute finden wir vereinzelt Hülben, wassergefüllte Senken, als Mittelpunkt der Siedlung auf einem Vulkanschlot, etwa in Zainingen. Auch wenn Hülben heute wegen der Albwasserversorgung kaum mehr bestehen, beweist ein Blick auf eine geologische Karte, wie viele Dörfer auf Vulkantuff errichtet worden sind: von Apfelstetten bei Münsingen über Laichingen im Osten bis Würtingen im Nordwesten. Nur in wenigen Vulkanschloten oder -gängen kam es zur Förderung von glutflüssigem Magma, das als basaltähnliches Gestein erstarrt ist. Dann kann der Schlot sogar noch aus den schon harten Oberjura-Kalksteinen herausragen (im Gegensatz zu den relativ weicheren Tuffen). Der Kern des Sternbergs bei Gomadingen besteht aus „Basalt", und am Eisenrüttel bei Dottingen wurde lange Zeit Basalt abgebaut.

Zu den vielfältigen Vulkanformen gehört ein großer Krater, gut 1 km^2 im Durchmesser, am Albtrauf, das Randecker Maar. Es ist – außer einigen kleineren Vorkommen – der einzige schwäbische Vulkan, in dem nennenswert Süßwasser-Sedimente erhalten sind, die im Anschluß an das vulkanische Ereignis abgelagert wurden. Berühmt wurde der Fossilinhalt: Reste subtropischer Pflanzen, Süßwasser- und Landschnecken, Insekten und Reste von Wirbeltieren, die unseren heutigen nahestehen.

Die Vulkane knapp außerhalb des Albtraufs stehen heute aufgrund ihrer größeren Härte gegenüber den Braun- und Schwarzjura-Gesteinen als „Härtlinge" da: Georgenberg bei Reutlingen, Florian bei Metzingen, Hohenbol, Limburg, Aichelberg und einige weitere. Ein sehr großer Vertreter in dieser traufnahen Lage ist der Jusi bei Dettingen/Erms. In ihm sind größere Sinkschollen aus Weißjura-Gesteinen erhalten, die nach dem Ausbruch als Ganzes in die entgasende Schlotfüllung tauchen konnten (Gustav-Ströhmfeld-Weg, Metzingen – Neuffen). Verwechslungen von Vulkanen mit anderen, nicht vulkanischen Ausliegerbergen sind natürlich und kaum zu vermeiden. Die magnetische Vermessung des gesamten Gebiets brachte da Klarheit und führte auch zur Entdeckung einer ganzen Reihe kleiner, unscheinbarer Vulkanröhren.

Der Vulkanismus im Hegau und auf der Hegaualb fand ebenfalls im Miozän statt. Er begann vor rund 14 Mio. Jahren und klang vor 7 Mio. Jahren aus. Seine Gesteine sind physikalisch, chemisch und mineralogisch anderer Art als die der Mittleren Alb. Vereinfacht ausgedrückt begann es mit der Förderung vulkanischer Tuffdecken, es folgten basaltähnliche Gesteine (Hohenstoffeln, Hohenhewen, Hewenegg, Wartenberg, Blauer Stein, siehe Gebiet 1) und zuletzt Phonolithe („Klingstein", der Name wird beim Anklopfen eines Brockens z. B. am Hohentwiel, Hohenkrähen oder Mägdeberg deutlich).

Besonders im Hegaubecken, das vom quartären Eis des Rheingletschers ausgeschürft wurde, sind die Vulkane von Osten her kräftig abgetragen worden. Auf der Hegaualb ging zwar die Abtragung nicht so tief hinunter, doch ein „kompletter" Vulkan mit Schlot und nach außen fallenden, wechselnd zusammengesetzten Schichten ist nirgends mehr erhalten. Vielleicht sind es gerade die Vulkanruinen, die den Reiz der Landschaft ausmachen?

Bis vor etwa 20 Jahren wurden das Ries und das Steinheimer Becken von den meisten Forschern als vulkanische Sprengtrichter angesehen. Speziell zum Rieskrater gab es bis dahin eine Reihe von Entstehungstheorien, die alle in sich mehr oder weniger schlüssig waren. Erst durch die Entdeckung von zwei Hochdruck-Formen des bekannten Minerals Quarz im Ries wurde die daraufhin entwickelte Impact-Theorie, der Einschlag eines Meteoriten, eines kleineren Himmelskörpers, wie es im Sonnensystem viele gibt, allgemein anerkannt. Das Ereignis mit seinen katastrophalen Folgen für das damalige üppige Leben im warmen Tertiärklima fand vor etwa 14,7 Mio. Jahren statt. Im Gebietskapitel 9 wird die Ries-Katastrophe weiter erläutert.

Ungefähr zur gleichen Zeit schlug ein sehr viel kleinerer Meteorit auf dem Albuch ein und hinterließ den Krater des Steinheimer Beckens mit rund 3,5 km Durchmesser. Die beiden Krater des Rieses und von Steinheim unterscheiden sich beträchtlich: beim Ries war die Energie so hoch, daß der gesamte Meteorit und mit ihm gut 1 km^3 Gestein verdampften. Ebenso wurde in Sekundenschnelle Gestein bis hinunter zum Grundgebirge in einigen hundert Metern Tiefe aufgeschmolzen. Die Trümmermassen liegen heute als eine bis zu 50 m mächtige Schicht vor allem südwestlich und südlich des Rieses; ursprünglich dürften sie auch im gleichen Maße in alle Richtungen bis etwa 60 km Entfernung verbreitet gewesen sein. Bei der „Rückfederung" des kurzzeitig stark verdichteten Untergrundes wurde der „innere Rieswall", ein nach Nordosten offenes U, aufgeworfen, der zum großen Teil aus zerbrochenem Grundgebirge besteht. Den äußeren Wall am Riesrand, der ein Becken von 20 bis 24 km Durchmesser umfaßt, erkennt man trotz der Zertalung noch sehr gut (Abb. 57).

Beim Steinheimer Becken reichte die Energie zur Rückfederung eines zentralen Hügels aus hochgeschleppten Braun- und Weißjuraschichten, aus denen auch die ausgeschleuderte Brekzie stammt, die man örtlich findet. Wohl verdampften der Meteorit und ein Teil des getroffenen Gesteins, zur Aufschmelzung großer Mengen wie beim Ries reichte es aber nicht. Es wurden Gesteine zerstäubt, zertrümmert, umgeformt und ganze Schollen nach außen bewegt. Vom Randwall ist der größere Teil aber bereits wieder abgetragen.

In den Kratern kam es im Anschluß an die Katastrophe mit Hilfe von Grundwasser zur Bildung von Seen, die aber von Anfang an vom Schutt der Umgebung und von Kalkalgen-Schlamm, im Steinheimer Becken auch Riffkalk, gefüllt wurden. Der Ries-See, wie der Steinheimer See die meiste Zeit recht flach, im Sommer sicher auch mal austrocknend, bestand höchstens 2 Mio. Jahre. Seine Lebewelt mußte einen hohen Salzgehalt ertragen, so daß diese weniger vielfältig als die des Steinheimer Kratersees war. In beiden Seen wurden aber recht seltene Fossilien wie Blätter, Insekten u. a. versteinert. Die reichhaltige

Säugerfauna, die in den Schichten des Steinheimer Sees erhalten ist, wurde weltberühmt.
Heute liegen die Kraterhohlformen wieder weitgehend ohne die Füllung vor. Beim Ries ist die Wörnitz, die sicher schon vor der Katastrophe in ähnlicher Lage über die östliche Alb floß, verantwortlich für die Ausräumung. Sie fand offenbar ihren alten Weg durch die Harburger Pforte wieder. Das Steinheimer Becken wurde vom Wental-Fluß ausgeräumt, der erst nach dem Meteoreinschlag entstanden ist und heute nur noch sporadisch nach Schneeschmelze oder nach Unwettern fließt.

Entwicklung der Alb-Landschaft seit dem Jungtertiär bis heute

Weitere, die Landschaft formende Vorgänge im späten Tertiär, dem Pliozän, setzen sich zum Teil bis heute fort, waren während der Kalt-(Eis-)Zeiten des Quartärs zum Teil verstärkt, zum Teil unterbrochen:
- Anhebung und Kippung des südwestdeutschen Schichtstufenlandes mit dem „Dach" Schwäbische Alb,
- Entwicklung des heutigen Flußnetzes zugunsten des Rhein-Neckar-Systems, dadurch weitere Abtragung und Rückverlegung der Stufenränder, auch des Albtraufs,
- fortschreitende Verkarstung der Kalksteine des Weißen Jura mit allen für uns heute so anziehenden Folgen wie Höhlen, Dolinen, Karstquellen, Trockentälern, Hungerbrunnen.

Die Bodenbildung, Grundlage der Vegetation und Bewirtschaftung, fällt fast vollständig in die Nacheiszeit, die letzten rund 12 000 Jahre (siehe Kapitel 4).

Im Pliozän, vor rund 5 Mio. Jahren, dürfte die Landschaft in den Grundzügen bereits wie heute ausgesehen haben. Die Neigung nach Südosten im gesamten südwestdeutschen Schichtstufenland begann, sich auszuprägen. Seither kann mit kräftigen Hebungsbeträgen gerechnet werden, die Höhenlage des Kliffs, 850 m bei Tuttlingen, unter 600 m auf der Ostalb, ist ein Maß dafür.
Durch fortgesetzte Vergrößerung der Höhenunterschiede am Oberrheingraben bis weit ins Quartär gewann der Rhein große Einzugsgebiete hinzu. Er konnte der Donau wasserreiche Zuflüsse ihres Oberlaufs entreißen. Die Donau floß anfangs schwach eingetieft wenig nördlich des heutigen Laufs auf der Flächenalb. Sie hinterließ von W' Tuttlingen bis Ulm Schotter mit Geröllen, die zunächst noch aus den Alpen (über die Aare), später dann vorrangig aus dem Feldberg-Gebiet stammten. Die größere Nähe zum Meer und die lokal viel niedrigere Erosionsbasis verschaffen dem Rhein gegenüber der Donau bis heute uneinholbare Vorteile. Von Basel bis zur Nordsee sind es 260 m Höhenunterschied

Geologie

auf weniger als 900 km, von Donauwörth zum Schwarzen Meer nur 400 m auf rund 2500 km Entfernung. Gefälle, Erosions- und Transportkraft des Rheins sind dadurch größer. Jüngstes Beispiel einer Flußablenkung ist die Wutach, wo Ober- und Mittellauf der „Feldberg-Donau" vor rund 20 000 Jahren zum Hochrhein überliefen (siehe Gebiet 1).
Der Neckar als wichtiger Rheinzubringer hat für den Albnordrand größte Bedeutung. Seine Erosionskraft hat während des Pliozän und Pleistozän den Albtrauf und die Steilstufen im tieferen Jura immer weiter nach Süden verlegt.
Zum Umfang der Verlagerung gibt es datierte Beweise: altpleistozäne, mindestens 1 Mio. Jahre alte Schottervorkommen von Flüssen, die von Norden her die Alb überquerten, stauten sich so („Goldshöfer Sande" in der Nähe von Aalen, Schotter vor der Mittleren und Südwestalb), daß man für den Trauf damals einen sehr ähnlichen Verlauf wie heute annehmen kann. Seither sind einige Oberläufe von Donauzubringern wie Elta, Bära, Schmiecha, Lauchert, Große Lauter, Lone oder Brenz durch Neckarzuflüsse noch verkürzt worden. Man sieht es auch den „geköpften Tälern" an, z. B. dem Trockental oberhalb der Großen Lauter oder der Verlängerung der Lone bis Bahnhof Amstetten, daß hier einst wesentlich mehr Wasser zur Donau geflossen sein muß. Manchmal sind die Wasserscheiden nur schwach ausgeprägt, es sind „Talwasserscheiden" wie zwischen Prim und Faulenbach, Kocher und Brenz.
Auf einer Karte mit Höhenlinien kann man die oberirdische Wasserscheide genau nachziehen. Man muß dabei aber berücksichtigen, daß zum Neckar noch kleinere Einzugsgebiete entwässern, die nach Norden überlaufendes Karstwasser den zahlreichen Quellen unterm Albtrauf hindurch liefern (siehe Blockbild). Deshalb sind die oberirdische und die unterirdische Wasserscheide selten ganz gleich. Nachweisen lassen sich diese Abflußverhältnisse, indem man traufnahen aktiven Dolinen Farbstoffe zufügt, die dann wieder in einer Quelle einige Kilometer weiter auftauchen.

Karst

Damit sind wir bei den Folgen der Verkarstung der Juratafel. Ursache für diese spezielle Form der Abtragung ist die recht gute Löslichkeit des Kalksteins ($CaCO_3$) in kaltem, mit Kohlensäure (CO_2) angereichertem Wasser. Je wärmer das Wasser und je geringer der Druck, z. B. nach Austritt einer Quelle im Sommer, desto mehr gelöster Kalk wird wieder ausgefällt. Er überkrustet dann Hindernisse wie Steine oder Pflanzen und ergibt einen leichten, meist porösen Stein.
Über das Alter der Verkarstung ist sich die Fachwelt noch nicht restlos im klaren, erste Anfänge sind vielleicht in der Kreidezeit zu suchen. Im warmen Klima im Tertiär war die Kalklösung wohl gebremst, außerdem bedeckten damals auch andere Sedimente manche Flächen der Hochalb. In den Eis- und Kaltzeiten des Quartärs wurde die Verkar-

Abb. 4. Doline (Erdfall) auf der Hochalb.

stung wieder verstärkt, solange nicht alle Schlucklöcher oder Dolinen und Spalten von Eis bzw. gefrorenem Boden verstopft waren. Unterirdisch konnte durch das kältere Wasser aber mehr Kalk als heute gelöst werden. Für die Trockentäler war der Bodenfrost in den Eiszeiten ganz entscheidend: das Wasser konnte oft nicht mehr versickern wie davor und danach. Deshalb mußten die großen Wassermengen zusammen mit der viel größeren Geröllfracht Erosionsarbeit in die Breite leisten. Man sieht in vielen Tälern daher breite Talböden und an den Felsen Hohlkehlen. Die Spuren der reichlicheren Wasserführung liegen häufig etliche Meter über den heutigen Talböden, sie stellen ein Maß für die Eintiefung der Flüsse nach der letzten Eiszeit dar. Die Spuren finden sich auch in zahlreichen Trockentälern, die in andere trockene oder noch wasserführende Täler so einmünden, daß sich zwanglos alte Flußsysteme zusammenfügen lassen.

Hungerbrunnen, wie der namengebende in einem Seitental der Lone, fließen nur bei besonders hohem Karstwasserspiegel für kurze Zeit, wobei es sich dann aber um große Schüttungen handeln kann. Das anschließende Tal ist also meistens ein Trockental, seltener ein Flußtal.

Die zahlreichen Höhlen der Alb haben sich mehr oder weniger waagerecht, d. h. schichtparallel, oder an steilen Klüften als Kombination aus beiden Richtungen gebildet. Weiter kann man unterscheiden Höhlen mit ständiger Wasserführung (Blautopfhöhle, Wimsener Höhle), mit zeit- oder streckenweiser Wasserführung (Falkensteiner Höhle, seit Anfang des 19. Jahrhunderts fließt die Elsach nur noch selten aus dem Höhlentor) und Höhlen ohne Wasserführung, da sie inzwischen viel zu weit über allen Tälern liegen. Bärenhöhle, Vogelherd und praktisch alle in den Eiszeiten als Unterschlupf für Tier und Mensch benutzten Höhlen entsprechen dem letzten Typ.

Insgesamt gibt es viele Varianten im Höhlenaufbau und auch in der Auskleidung, Tropfsteine sind in den ausgebauten Schauhöhlen aber immer vorhanden. Als hängende Stalaktiten, stehende Stalagmiten, aus beiden zusammengewachsene Säulen, als Schleier, Krusten und viele andere Formen haben sie die Phantasie stets angeregt. Leider wirken sie auch anziehend auf Souvenirjäger... Darum ist es gut, daß nur wenige Höhlen der Alb gut zugänglich sind. Vor „Forschungsfahrten" auf eigene Faust sei eindringlich gewarnt! Man bringt sich leicht in unnötige Gefahr, die möglicherweise zu einer aufwendigen Rettungsaktion führt, und stört womöglich die letzten Fledermäuse eines Gebiets im Winterschlaf.

Dolinen sind die häufigste Karsterscheinung der Alb. Sie entstehen durch Nachbruch der Deckschichten über Höhlen oder durch Erweiterung von Klüften, in denen Wasser versickert und dabei Kalk löst (aktive Doline oder Schluckloch). Man findet sie oft zu mehreren, wobei sie manchmal in Beziehung zu Haupt-Kluft-Richtungen stehen. Auch können sie im Verlauf von Trockentälern für den Abfluß des dort sporadisch fließenden Wassers sorgen. Im Vulkangebiet der Mittleren Alb finden sich häufig Dolinen an der Grenze von Schlotbrekzie (Vulkantuff) zum Kalkstein. Wie Wasser sich auf Tuff sammelt, einen Brunnen speist und wieder im nahen Schluckloch verschwindet, sieht man z.B. oberhalb der Rutschenfelsen (Gebiet 4, Tour 17).

Süßwasserkalk bildet viele Formen, auffällig und schön sind etwa die Terrassen am Uracher (Hochwiese), am Gütersteiner und am Neidlinger Wasserfall. Haben sich im Verlauf von Tälern wie Erms oder Wiesaz an Hindernissen Süßwasserkalk-Terrassen ausgeprägt, so weist die Gefällskurve des Flusses ausgesprochene Knicke auf. Die Terrassen waren örtlich (Seeburger Tal und bei Gönningen) lange Zeit Steinbrüche und dienen oft zur Energiegewinnung aus Wasserkraft.

Quellen, Quelltöpfe und Wasserfälle sind mit die beeindruckendsten Stellen des Karstsystems. Liegen sie unter dem Karstwasserspiegel („seichter Karst"), dann fließen sie ständig, unterscheiden sich aber in der Schüttung ganz erheblich und schwanken im Verlauf der Jahreszeiten zum Teil extrem.

Aufgrund der Schichtlagerung (siehe Blockbild) mit relativ hoch reichenden, undurchlässigen Mergeln des tiefen Weißen Jura gehört der nördliche Streifen der Alb zum seichten Karst. Von dem gewölbten Wasserspiegel läuft dabei ein Teil des Wassers zum Neckar über, ein anderer nach Süden zu den Karstquellen mancher längerer Donauzu-

Abb. 5. Terrassentreppe aus Süßwasserkalk an den Gütersteiner Wasserfällen bei Bad Urach.

flüsse wie Große Lauter, Lone oder Brenz (die oberirdische gleicht nicht der unterirdischen Wasserscheide).
Die beiden Quelltöpfe der Blau und der Aach weisen enorme Schüttungen auf. Der Aachtopf gilt mit bis zu 25 000 l/s als die ergiebigste Quelle Deutschlands. Die Lage am Südrand der Alb und das allgemeine Schichtfallen nach Südosten ermöglichen große Einzugsgebiete und damit solche Wassermengen. Beim Aachtopf kommt hinzu, daß die versickerten Wasser der obersten Donau ziemlich direkt und schnell hier zusammenlaufen. Manchmal gehen diese Werte aber auch auf einen Bruchteil zurück. Den Reiz dieser und anderer Quelltöpfe wie Brenz, Lone (Ursprung), Ursprung und Schelklinger Ach, Braunsel, Kesselbach beeinflußt die schwankende Schüttung jedoch wenig.

Die Alb in den quartären Eiszeiten

Mindestens vier Zeiten innerhalb der letzten knapp 2 Mio. Jahre brachten eine Abkühlung mit sich, deren Ursachen bis heute nicht endgültig geklärt und die sicher vielfältig sind. Die Gletscher Skandinaviens bedeckten mehrere Male Teile Norddeutschlands, die der Alpen das nördliche Alpenvorland, das Molassebecken. Dort in Oberschwaben sind Gletscherablagerungen auch beherrschend an der Oberfläche zu finden. Besonders gut sind die der letzten Eiszeit (Würm) zu erkennen, die vor rund 12 000 Jahren zu Ende ging.

Für die Alb hatten die Eiszeiten verschiedene Auswirkungen. Frost und Auftauvorgänge konnten viel intensiver auf das Gestein und den schütteren Boden wirken, weil es kaum Pflanzen gab. So dürften Erdrutsche und Bergstürze am Trauf sehr oft aufgetreten sein. Auf der Hochalb schuf die Frostverwitterung große Mengen scharfkantigen Kalkschutts, der entweder an Ort und Stelle liegenblieb, wie in manchen Trockentälern, oder durch Bodenfließen verfrachtet wurde. Der Schutt ist meistens in lehmige Grundmasse eingebettet. Zum Teil gelangte er auch weiter weg, z. B. in die Täler der Neckarseite, wo er heute weit über den derzeitigen Talböden lagert. Die Flüsse dort müssen sich also seit 12 000 Jahren noch erheblich eingeschnitten haben. Die Eintiefung der donauseitigen Flüsse seit Ende der Eiszeit ist dagegen geringer und auf die Unterläufe beschränkt.

Eine Vergletscherung der Baaralb und des Großen Heubergs wird von verschiedenen Forschern für die Rißeiszeit angenommen. Diese Zeit der größten süddeutschen Vergletscherung ging der letzten Eiszeit voraus. Dazwischen gab es eine Warmzeit mit zum Teil höheren Temperaturen als heute. Die Spuren der Rißeiszeit sind durch die nachfolgenden Ereignisse längst nicht mehr so deutlich sichtbar wie die der Würmeiszeit. Daher fallen die flachen, breiten Talwasserscheiden der Südwestalb, einst eiserfüllt, und die Schwarzwaldgesteine am Albtrauf, die nur vom Eis herantransportiert worden sein können, nicht auf. Sicher jedoch hat der voralpine rißeiszeitliche Rheingletscher bis Schaffhausen – Engen – Sigmaringen – Riedlingen gereicht. Er zwang so die Donau, einen Eisrandstausee zu bilden, der ab Dietfurt aufwärts wahrscheinlich für einige Jahrtausende das obere Donautal und die Nebentäler auffüllte. Abgeflossen ist der See über die Spaichinger Pforte – zum Neckar hin! Nach dem Abschmelzen des Gletschers fand der Fluß nicht überall sein altes, von Schutt erfülltes Bett wieder, östlich Bingen bei Sigmaringen ist solch ein altes Donautal erhalten. Ebenso stammt das Kirchener Tal bei Ehingen aus dieser Zeit, und etwas später entstand der Donauverlauf über Schelklingen – Blaubeuren (Gebiet 6). Die heutigen Donautalabschnitte Dietfurt – Riedlingen und Ehingen – Ulm sind also verhältnismäßig jung. Außer diesen markanten Talverlegungen sind Reste der Stausee-„Episode" nicht auf den ersten Blick zu erkennen.

Für die Würmeiszeit wird von einigen Forschern wieder eine kleine Firnkappe auf dem Großen Heuberg angenommen. Nur an wenigen Stellen, die heute durch Karnischen gekennzeichnet sind, hätten aber Gletscherzungen bis knapp unter 900 m NN gereicht, so z. B. zwischen Dreifaltigkeitsberg und Hirnbühl, wo die Prim entspringt.

Landschaftsentwicklung seit der letzten Eiszeit

Nachdem im Anschluß an die Eiszeiten der Boden aufgetaut war, konnte das Wasser wieder auf seinen alten Wegen im Karstsystem versickern. Es floß also bald weniger Oberflächenwasser, das dann nicht mehr in der Lage war, den eiszeitlichen Schutt komplett fortzuführen. So kam es zur Bildung schmaler, tiefer eingeschnittener Täler. Daneben wurden manche in der Eiszeit durchgängigen Talzüge abgeriegelt, sie ertranken im Gehängeschutt. So konnte es zur Bildung von Mooren (Dürbheimer Ried SO' Spaichingen) kommen.

Das untermeerische Relief gegen Ende des Oberjura, als die Zementmergel ausgleichend über alle Höhendifferenzen abgelagert wurden, kommt heute an manchen Stellen wieder zum Vorschein. Der Begriff „Zementmergel-Schüssel" drückt die Verhältnisse deutlich aus: Massenkalk-Riffe (meist von Schwämmen und Algen aufgebaut) widerstehen der Abtragung besser als die feinkörnigen, geschichteten Zementmergel und Bankkalke zwischen den Riffen. So kommt es z. B. bei Münsingen, bei Schloß Bronnen im Oberen Donautal und an anderen Stellen durch Abtragung zur Wiederbelebung einer rund 140 Mio. Jahre alten untermeerischen „Landschaft". Die Ränder der Schüsseln werden durch hohe Felsen oder schütter bewachsene Hügel markiert.

Über Verwitterung und Abtragung wurde schon in Zusammenhang mit der Rückverlegung des Albtraufs und der Ausprägung der Schichtstufenlandschaft gesprochen. Zu den abtragenden Kräften gehört auch die Frostsprengung. Sie ist in der Lage, den Verband in den klüftigen Ober-

Abb. 6. Jüngste Erdgeschichte: Erdrutsche und Felsstürze, hier unter dem Heiligenkopf auf der Zollernalb.

Landschaftsentwicklung

jura-Kalksteinen zu lockern, schließlich zu lösen, so daß ganze Felspartien auf den darunter lagernden Mergeln abrutschen können. Kann viel Wasser nach langen Niederschlägen in die Mergelfugen einsickern, dann sind Gleitbahnen für den nächsten Felssturz oder Erdrutsch vorbereitet. Dann ist es nur eine Frage der Zeit und bedarf eines geringen Anlasses, bis der nächste Rutsch z. B. am Albtrauf stattfindet. Eindrucksvolle Beispiele dafür sind der „Hangende Stein" N' Onstmettingen, wo Teile der Felspartien bereits unten liegen, während andere Teile, darunter der große Block des Hangenden Steins, oben verharren; ebenso der gewaltige Rutsch am N-Hang des Hirschkopfs, der im April 1983 viele Hektar Traufwald zerstörte und ein einmaliges geologisches Naturdenkmal schuf. Ferner gibt es am Trauf vielfach „Höllenlöcher", Felsen, die sich vom Verband lösen und nahe der Kante tiefe Felsspalten hinterlassen. Die Schutthalden unter den Felsen kann man gar nicht mehr zählen. Findet auf ihnen eine Zeitlang keine Veränderung statt, dann faßt bald eine eigene Pflanzenwelt (Pioniervegetation) Fuß.

Jüngstes Kapitel in der Erdgeschichte der Schwäbischen Alb sind die Erdbeben der Hohenzollernalb. Erst 1911 fand bei Albstadt-Ebingen zum ersten Mal in neuerer Zeit ein heftiges Beben statt. Es folgten bis heute zahlreiche leichte und einige schwerere Beben, die vor allem 1943 und am 3. September 1978 erhebliche Sachschäden nach sich zogen. Anfangs wurde der Hohenzollerngraben, eine alte Bruchstruktur von NW' Veringenstadt bis über den Hohenzollern nach Nordwesten, für verantwortlich gehalten. Erst in den letzten Jahren hat sich herausgestellt, daß offenbar ein quer dazu laufender Bruch tief in der Erdkruste der Bebenauslöser ist. Einwirkungen der Beben auf beschleunigte Abtragung am Albtrauf und an anderen Steilhängen der Zollernalb sind nicht auszuschließen.

Einige Details aus der Geschichte der Schwäbischen Alb

Es ist hier weder möglich noch beabsichtigt, auf wenigen Seiten einen kompletten Überblick zur Geschichte zu geben. Zu einigen Stichworten sollen die wichtigsten Punkte aufgeführt werden.
Im folgenden Kapitel wird dann der Zusammenhang zwischen Boden, Klima, Bewuchs durch Steppenheide oder lichtere Stellen des Eichenmischwaldes und bevorzugten Siedlungs-, Rodungs- und Ackerbauflächen seit den Bandkeramikern vor rund 6000 Jahren genauer erläutert.

Höhlen der Alb während der Eiszeiten

Jäger und Sammler der Eiszeit ließen sich vorübergehend in trockenen Höhlen und unter Felsüberhängen nieder. Altsteinzeitliche Funde aus Höhlen, z. B. des Lonetals und bei Blaubeuren, erbrachten neben Tierknochen, Pfeilspitzen und unzähligen bearbeiteten Feuersteinen auch rund 30 000 Jahre alte Plastiken. Aus Mammutelfenbein geschnitzt, zeigen sie jagdbares Wild dieser Zeit und Menschen.

Die Alb als altes Siedlungsland seit rund 6000 Jahren

Auch nach Änderungen von Klima und natürlicher Umgebung blieben die Siedlungsräume über Jahrtausende weitgehend gleich. In der Technik kam es aber zu dem entscheidenden Schritt vom Feuerstein zum Metall als Rohstoff für Werkzeug und Waffen. Während der Kupferzeit (ab etwa 2000 v. Chr.) und der Bronzezeit (etwa 1700 bis 700 v. Chr.) wurden kulturelle Anstöße und metallische Rohstoffe zum größten Teil nach Südwestdeutschland eingeführt. Die Kulturlandschaft änderte dennoch ihr Bild trotz der zeitweiligen Unruhe der „Völkerwanderung" nur wenig.
Die entscheidende Neuerung, die bereits in der Jungsteinzeit begann, war eine immer ausgeprägtere Arbeitsteilung in Bauern, Tierzüchter, Handwerker und Händler. Diese Berufe stellten auch den allergrößten Teil der erwerbstätigen Bevölkerung während der beginnenden Eisenzeit, ab dem 8. Jahrhundert v. Chr. Etwa zur gleichen Zeit begann in Südwestdeutschland auch die Herrschaft der Kelten. Aufgrund zahlreicher Funde lassen sich zwei große Abschnitte unterscheiden: die ältere Eisenzeit oder Hallstattkultur von ca. 750 bis 450 v. Chr. mit noch zahlreichen Einflüssen von außen, u.a. aus dem Mittelmeerraum, und die jüngere Eisenzeit oder La Tène-Kultur ab 450 bis um Christi Geburt mit eigenständigen, homogenen Zügen.
Topographische Besonderheiten der Alb spielen spätestens bei der Besiedelung durch die Kelten eine Rolle. Die Anlage z. B. der Heuneburg bei Hundersingen oberhalb der Donau wurde begünstigt durch einen Hügel, von dem aus große Gebiete zu überblicken sind. Dieser Fürstenhof hatte seine Blütezeit im 6. Jh. v. Chr. Er befand sich am Knoten der Handelsstraßen von Nord nach Süd (Marseille, damals griechisch) und von West nach Ost, z. T. entlang der Donau. Bei der Anlage der Befestigung im 6. Jh. griffen die Erbauer auf einheimische Jurakalksteine für die Fundamente zurück, darauf ließen sie eine Lehmziegelmauer nach südlichem Vorbild errichten. Vorspringende Bergsporne und einzeln stehende Berge der Alb boten mit und ohne Befestigung stets guten Schutz: Dreifaltigkeitsberg bei Spaichingen, Gräbelesberg bei Laufen/Eyach, Ipf bei Bopfingen und viele andere mehr.

Die keltische La Tène-Kultur brachte neue Siedlungs- und Befestigungsformen, die „oppida". Eine von vier großen Siedlungen dieser Art in Süddeutschland ist die Elsachstadt innerhalb des Heidengrabens nordöstlich von Urach (Abb. 29 und Gebiet 4). Hier zeigt sich die perfekte Ausnutzung eines von Natur aus günstigen, nach den meisten Seiten geschützten Bergplateaus.
Die Römer nutzten Posten am östlichen Albtrauf sicher zum Überblick über das Vorland des rätischen Limes von Lorch an ostwärts (ab etwa 150 n. Chr.). Rund 70 Jahre vorher bestand nur wenige Jahre lang der „Alblimes"; er war nicht viel mehr als eine Straße als Verbindung der Kastelle bei Burladingen, Gomadingen, Donnstetten (Clarenna), Urspring/Lone (Ad Lunam), Heidenheim (Aquileia), Oberdorf (Opia) am Ipf. Verschiedene Römerstraßen sind bis heute im Gelände zu erkennen; ihre Trassen werden vielfach noch benutzt.
Sehr wichtig für die Versorgung der umfangreichen römischen Grenztruppen waren die Gutshöfe, landwirtschaftliche Betriebe, auf denen Viehzucht, Nutzpflanzenanbau, darunter zum ersten Mal in diesen Breiten Weinbau, betrieben wurden. Die römischen Weinregionen sind bis heute in etwa geblieben.

Eisenerzabbau seit keltischer und römischer Zeit

Höchstwahrscheinlich schon die Kelten, sicher aber die Römer schürften Bohnerz zur Eisengewinnung und verhütteten es z. T. an Ort und Stelle in einfachen Schmelzöfen, die aus Lehm und Steinen aufgebaut wurden. Darauf weisen Schlackenreste hin, wie sie z. B. bei Tauchenweiler (Gebiet 8) gefunden wurden. Aufzeichnungen über die Eisenindustrie im oberen Kocher- und Brenztal existieren aber erst seit 1365, als die Eisenwerke Königsbronn zum ersten Mal erwähnt wurden. Sie bezogen Braunjura-Eisenerz aus der Aalener Region und Bohnerz aus den Feuerstein-Lehmen u.a. des Härtsfeldes, z. B. von Nattheim. Die territoriale Zerstückelung weiter Teile Süddeutschlands, Zollschranken und Handelshemmnisse bis weit in das 19. Jh. hinein behinderten aber die meiste Zeit eine großzügige Nutzung der Eisenerze. Deshalb und wegen technischer Schwierigkeiten dauerte es bis in das 18. Jh., bis die nur 2 m mächtigen Erzflöze bergmännisch, also nicht mehr im Tagebau, abgebaut wurden. Bereits in der ersten Hälfte des 20. Jh. ging der Wasseralfinger Bergbau zu Ende, die Schwäbischen Hüttenwerke existieren aber weiter. Bekannt sind hierzulande vor allem deren Gießereierzeugnisse wie Öfen mit Kunstgußplatten oder unzählige Kanaldeckel.
Bohnerze kommen fast auf der ganzen Alb in Karstspalten und -wannen vor. Örtlich erhebliche Ausbeuten wie bei Schaffhausen, Tuttlingen, Sigmaringen, Heidenheim und Aalen haben, z. T. zusammen mit Braunjura-Eisenerzen, die ansässige Metallindustrie begründet.

Obwohl der Rohstoff Eisen längst von weit her eingeführt werden muß, bleibt seine Verarbeitung eine der Hauptstützen der südwestdeutschen Wirtschaft.

Wasserversorgung und Landwirtschaft

Von keltischen und zum Teil älteren Zisternen oder Brunnen kann mit Ausnahme einer verfüllten, bronzezeitlichen Zisterne auf dem Lochenstein nichts Sicheres berichtet werden. Wahrscheinlich war einerseits der Wasserverbrauch im Vergleich zu heute so gering, daß er sich gut aus Quellen und Bächen oder natürlichen Ansammlungen speziell auf der Hochalb decken ließ. Andererseits wurden wohl Anlagen aus dieser Zeit später umgebaut, so daß man sie heute nicht mehr erkennen kann.
Die Römer stellten da andere Ansprüche; mit hochentwickelter Technik bauten sie Brunnen, Wasserleitungen und Bäder. Besonders spektakulär sind Reste von Badanlagen, die rekonstruiert wurden, z. B. in Rottweil, Heidenheim (mit Museum) und Rainau-Buch am Fuß des östlichen Albtraufs.

Abb. 7. In Zainingen gibt es eine der wenigen verbliebenen Hülben der Hochalb.

Die Hochalb litt seit alters unter Wassermangel, sofern nicht ergiebige, dauernd fließende Gewässer oder Ansammlungen auf undurchlässigen Lehmen und Vulkantuffen etwas Wasser speicherten. Wie im Kapitel „Landschaft" angedeutet, ließen sich die Alemannen im 3./4. Jh. bevorzugt dort nieder, wo eben solche natürliche Vorkommen bestanden. Die Möglichkeit, Brunnen zu bohren, verhinderte der in geringer Tiefe anstehende Fels fast vollständig. So blieb nichts anderes übrig, als das Brauchwasser in Hülen oder Hülben, z. T. künstlich erweiterten und abgedichteten Wasseransammlungen, zu sammeln. Hier wuchsen Algen, brüteten Stechmücken und Fliegen, schwammen Enten und Gänse, tränkte man das Vieh; oder man wusch auch mal sich selbst und die Schafe, ehe sie geschoren wurden. Das auf den Dächern abfließende Regenwasser wurde in Zisternen und Dachbrunnen gesammelt. Das Wasser, das von den Ziegeldächern kam, war in der Regel sauber und klar und konnte gleich, das von den Strohdächern erst nach Abkochen genossen werden. Regnete es lange nicht, mußte Wasser beschwerlich und teuer über die steilen Steigen mit Fuhrwerken auf die Hochalb geschafft werden.

Erst mit der Albwasserversorgung, die ab etwa 1870 gebaut wurde und die das Wasser und die Kraft von Flüssen wie Erms, Blau oder Lauter auch gleich zum Pumpen verwendete, wurden die Wassernöte auf der Albhochfläche aufgehoben. Die geregelte Wasserversorgung erleichterte dann auch die Möglichkeit, daß sich auf der Hochalb, neben der Landwirtschaft, weitere Erwerbszweige entwickeln konnten. So kam allmählich eine Wiederbevölkerung der zum Teil durch Abwanderung der jüngeren Bewohner verkleinerten Gemeinden der Hochalb in Gang. In dieser Hinsicht besaßen die Albtäler, die akute Wasserversorgungs-Probleme nie in dem Ausmaß kannten, einen klaren Vorteil. Der Vorsprung wirkt sich bis heute aus; entsprechend mehr industrielles Gewerbe konzentriert sich um Zentren wie z. B. Albstadt, Reutlingen und Ulm oder in Tälern wie dem der Fils, der Brenz oder des Kocher. Die Landwirtschaft war auf der Hochalb lange Zeit ein Haupterwerbszweig. Trotz flachgründiger Böden und des insgesamt ungünstigeren Klimas werden heute ordentliche Erträge erzielt, die sich z. T. nicht mehr von denen in anderen Regionen des Landes unterscheiden. Ohne auf Einzelheiten einzugehen, sollen einige Punkte dazu genannt werden.

Ende des 8. Jahrhunderts wurde unter Karl dem Großen die wenig ertragreiche Zweifelderwirtschaft (jährlich wechselnder Anbau, Saat fast nur im Frühjahr) durch die Dreifelderwirtschaft ersetzt. Durch Einsaat von Wintergetreide im Herbst, von Sommergetreide und Feldfrüchten im Frühjahr, wobei im Wechsel jeweils ein Drittel der Fläche brachlag, wurden die Erträge um ein Drittel gesteigert. Die Dreifelderwirtschaft war bis ins 19. Jahrhundert gesetzlich vorgeschrieben und hat sich bis weit in unser Jahrhundert gehalten. Heute wird von allen Landwirten der Alb auf meist größer zusammenhängenden Anbauflächen Mineraldünger verwendet, durch dessen breite Anwendung die Dreifelderwirtschaft überflüssig wurde. Parallel zur Anwendung chemischer

Abb. 8. Auch ein typisches Bild auf der Alb: Die steinigen Äckerle.

Bodenverbesserer seit Ende des 19. Jahrhunderts verlief die Einführung von Getreidesorten, an die vor 100 Jahren noch niemand dachte. Während jahrhundertelang der Dinkel „das Korn" der Alb war, weil er winterhart und anspruchslos ist, werden heute z. B. die gleichen Weizensorten wie in klimatisch günstigeren Landesteilen angebaut.

Noch einmal zurück ins Mittelalter: Die erfolgreiche Dreifelderwirtschaft förderte die Urbarmachung des Landes; Rodungen und vereinzelte Trockenlegungen von Sümpfen schufen neues Ackerland. Doch die Abhängigkeit der Erträge vom oft harten Klima bestand weiterhin. So bedeuteten zu nasse und kühle Jahre auf der Alb oft schlimme Hungerzeiten. Der Begriff „Hungerbrunnen", s. Kap. „Landschaft", besagt, daß dieser Brunnen nur dann fließt, wenn es in einem Jahr viel regnet, wodurch früher Hungersnöte drohten.

Die Einführung von Nutzpflanzen für die Brachflächen, wie Klee, Esparsette und Luzerne, und von neuen Grundnahrungsmitteln wie der Kartoffel, fand erst im 17. und 18. Jahrhundert statt. Damit konnten die Möglichkeiten vergrößert werden, ausreichende Erträge zu erzielen.

Heute besinnen sich einige Landwirte auf alte Getreidesorten wie z. B. den Dinkel, der ein ausgezeichnetes Mehl für Vollkorn-Backwaren und -Nudeln ergibt. So kann man die Alb fast schon wieder als Zentrum dieses Anbaus betrachten.

Geschichte

Böden, Pflanzen- und Tierwelt, Klima

In diesem Kapitel soll in erster Linie die Entwicklung von der eiszeitlichen zur heutigen Lebewelt vorgestellt werden. Des weiteren wird versucht, das Ausmaß der Veränderungen deutlich zu machen, das mit dem stärkeren Auftauchen des Menschen vor rund 6000 Jahren begann, worauf erste Waldrodungen und Ackerbau erfolgten. Kurz werden auch verschiedene markante Pflanzengesellschaften in Wort und Bild dargestellt, wobei jedoch keine vollständigen Artenlisten genannt werden sollen und können.

Böden

Eine Grundlage allen Lebens auf dem Festland sind die Böden und ihre Fruchtbarkeit. Als Bindeglied zwischen Gesteinen und Luft (Litho- und Atmosphäre) sind sie besonders folgenden Einflüssen unterworfen: Ausgangsgestein, Relief, Klima, Vegetation, menschliches Wirtschaften (Pflügen, Düngen, Roden). In Süddeutschland bestimmt entscheidend das Ausgangsgestein mit seinem starken Wechsel die Bodenart.
Die heutigen Böden sind zum größten Teil Produkte der letzten Eis-und Nacheiszeit. Ihre Bildung setzte mit der generellen Erwärmung vor rund 12 000 Jahren verstärkt ein. Auf der Hochalb überwiegen Kalk-Rendzinen, die auf den Hochflächen und Kuppen sehr geringmächtig sein können, und von Steinen durchsetzte kalkhaltige Rohböden. Die großflächigen Bodenverlagerungen in den Eiszeiten haben in Mulden und (Trocken-)Tälern zum Teil mächtige Braunerden mit örtlich hohem Kalkgehalt entstehen lassen. Die Mergel und Tonsteine des Braunen Jura an den Hängen ergaben in Verbindung mit Weißjura-Gehängeschutt ebenfalls Kalkbraunerden. Tritt der Kalksteinschutt zurück, dann können Ton- und Mergel-Rohböden vorliegen, deren Entwicklung – wie bei allen Rohböden – gehemmt, eben roh ist. Bilden Sandsteine die Unterlage, so entwickelten sich Braunerden, mehr oder weniger gebleicht, deren Eisenanteil nach unten verlagert und angereichert wurde. Auf den Ton- und Mergelsteinen des Schwarzen Jura entstanden meist flachgründige Tonböden, die am Hangfuß oft die Nässe stauen.
Die herausragendsten und in ihrer Auswirkung für die Pflanzenwelt „typischsten" Böden sind die mageren Rohböden der Weißjura-Kuppen, die oft von Halbtrockenrasen mit Wacholder, wilden Rosen und Schlehen bedeckt sind. Daneben fallen die mächtigen Kalkbraunerden der Traufhänge auf, die fast durchweg mit Buchenmischwald bestanden sind. Zum Teil von Natur aus, zum Teil verstärkt durch die Bearbeitung, zeigen sich Kalkbraunerden und Rohböden oft sehr steinig (Abb. 8).

Geschichte der Vegetation und des Klimas mit einigen markanten Pflanzengesellschaften

Einen guten Eindruck von den oben angedeuteten Änderungen der ursprünglichen Pflanzenwelt kann man sich verschaffen, wenn man z. B. den Botanischen Garten der Universität Hohenheim (bei Stuttgart) besucht, vor allem die vegetationsgeschichtliche Abteilung. Ähnlich umfassend, aber mehr unter den Aspekten der Menschheitsgeschichte, sind die Darstellungen zu diesem Thema im Urgeschichtlichen Museum Blaubeuren. An einigen Stellen der Alb, in Museen und auf Lehrpfaden, bekommt man viel von der früheren und jetzigen Vegetation vermittelt. Die Tourenvorschläge und die Tabelle auf Seite 124 berücksichtigen diese Informationsmöglichkeit.

Zum Ende der Würmeiszeit vor rund 12 000 Jahren war die Alb – wenn überhaupt – nur in kleinen Teilen vergletschert. Die größten Teile der Hochalb kann man sich vorstellen als eine steinige, spärlich mit kälteharten Gräsern und niederen Sträuchern bewachsene, hügelige Fläche mit weitaus mehr oberirdischen Wasserläufen als heute. Unter dem Begriff Tundrasteppe hat diese Vegetation heute kein genaues Gegenstück; ähnlich sind jedoch große Teile Nord-Sibiriens, Lapplands und Nord-Kanadas bewachsen. Aufgrund des geringen Bewuchses konnten während der Eiszeiten kräftige Winde den Staubanteil aus dem Schutt weitgehend ausblasen. In andere Gebiete verlagert, bildet der mineralreiche Staub heute als Löß(lehm) die Grundlage für fruchtbare, begehrte Böden; so sind Teile des Albvorlands und der schwäbisch-hohenlohischen Gäuplatten heute von mehr oder minder mächtigem Löß bedeckt.

Für Wälder war das Klima anfangs zu kalt. Mit der beginnenden Erwärmung taute der Dauerfrostboden wohl über Jahrhunderte hinweg ganz auf, das Karstsystem nahm allmählich den größten Teil des Oberflächenwassers wieder auf. Gleichzeitig konnten sich Zwergsträucher wie

Abb. 9. Silberdisteln, ein Wahrzeichen der Schwäbischen Alb.

Abb. 10. Eine Seltenheit auf der Alb: Das Moor auf der Rauhen Wiese auf der Heidenheimer Alb.

Kriechwacholder, Zwergbirken und Weidenarten in der Tundrasteppe ausbreiten.
Vor rund 10000 Jahren, also 2000 Jahre nach dem Ende der Würmeiszeit, faßten dann bei weiterer Erwärmung Birken und Kiefern wieder Fuß, die weiter südlich und vielleicht an besonders geschützten Plätzen auch in Südwestdeutschland die Eiszeiten überdauert hatten. Große Ähnlichkeiten mit solchem Bewuchs zeigen sich in manchen Mooren noch heute (Abb. 10).
Durch den klimatischen Einfluß des gespeicherten Wassers im „Schwamm" des Torf-Untergrunds sind bis heute Moore und große Feuchtgebiete Rest- und Rückzugsgebiete für an die Eiszeit erinnernde Pflanzen geblieben, denn das viele Wasser wirkt sich kühlend aus, und Nebel sind hier weitaus häufiger als zum Beispiel am Hang direkt daneben. Moore sind jedoch aufgrund des normalerweise sehr wasserdurchlässigen Untergrunds auf der Hochalb selten. Sie können nur auf stauenden Lehmen oder Vulkantuffen vorkommen (z. B. Torfgrube bei Schopfloch, Weiherwiesen und Rauhe Wiese auf dem Albuch). Neben ihrer ganz eigenen Vegetation können sie auch Pollen und Hölzer bergen, die z. T. vor Jahrtausenden eingeweht bzw. umgefallen sind und jetzt wertvolle Informationen über die Zusammensetzung der damali-

gen Flora geben. Funde wurden besonders aus oberschwäbischen Mooren, z. B. am Federsee, geborgen. Auch können Pollenanalysen von dort Aufschluß über die Abfolge der Waldgesellschaften der Alb seit rund 10 000 Jahren geben.

Entlang der eiszeitlichen und der heutigen Donau und einiger ihrer nördlichen Zuflüsse konnten sich Feuchtgebiete bilden und bis heute erhalten, z. T. dank regelmäßigen Hochwassers, z. T. wegen der Schutzmaßnahmen, die eine vollständige Trockenlegung und Nutzungsänderung verhindert haben. Verschiedene verlandende Altwasserschleifen der Donau von östlich Donaueschingen bis Donauwörth, aber auch der Schmiecher See, das Blautal bei Arnegg und oft kleinere Teile anderer Täler weisen eine an hohen Wasserstand gewohnte Pflanzenwelt auf. Ferner gibt es kleine Bestände echter Moorpflanzen sogar in und an Hülben oder ehemaligen Bohnerzgruben auf der Ostalb. Einige Arten sollen aufgezählt werden: Riedgräser, Wollgras, Kuckucksnelke und Blutweiderich, aber auch Gehölze wie Birken, Bergkiefern und Heidekraut.

Im langsam fließenden Wasser stiller Winkel z. B. der Donau, erst recht im Aufstau vor einem Flußkraftwerk oder dem Kernkraftwerk unterhalb Günzburg, kann man echte Teichpflanzen wie Seerosen, Binsen oder Glanzgras beobachten. In schneller fließenden Gewässern, von denen die Alb ja einige aufzuweisen hat, fallen große Bestände des Flutenden Hahnenfußes auf, besonders wenn er blüht. Insgesamt sind Feuchtgebiete für die Alb etwas Selteneres, aber eine schöne Bereicherung der anderen, meist an Trockenheit angepaßten Pflanzenwelt.

Weitaus mehr Raum nehmen da die Waldgesellschaften ein, über die gesamte Fläche der Alb summiert rund ein Drittel der Fläche. Der Anteil an Wald ist in den einzelnen Gebieten jedoch ziemlich unterschiedlich. Zwischen die Kiefern-Birken-Weiden-Wälder mischten sich ab etwa 8000 v. Chr. erste wärmeliebende Laubholzarten wie Hasel und Eiche. Das Klima hatte sich stabilisiert, wurde sogar so warm und später trokken, daß sich die mittleren Jahres-Temperaturen in den bevorzugten Regionen Süddeutschlands auf über 10 °C einspielten. Die Jahresmittel für die Schwäbische Alb liegen heute zwischen unter 9 °C im Mittleren Albvorland und unter 6 °C für die hohen Teile der Südwestalb. Für kurze Zeit beherrschten Haselbüsche das ganze Land, doch bald folgte die einige Jahrtausende dauernde Eichen-Mischwald-Zeit. Ab etwa 6000 v. Chr. waren in den Wäldern, die bis auf wenige Flächen das Land vollständig bedeckten, Eichen, daneben Linden, Ulmen, Eschen und verschiedene Ahornarten vertreten. Nur die höheren Regionen des Schwarzwalds und des Alpenvorlands wiesen eine andere Waldgesellschaft auf. Über die tatsächliche Zusammensetzung und Anordnung der Wälder weiß man nicht allzuviel, am wahrscheinlichsten ist jedoch, daß sich ein mosaikartiges Nebeneinander etwas unterschiedlicher, an den jeweiligen Standort angepaßter Waldtypen ausbildete. Dabei gab es sicherlich auch lichtere Stellen, die sich den ab etwa 4000 v. Chr. einwandernden, ersten seßhaften Ackerbauern bevorzugt anboten. Ihnen

Links:
Abb. 11. Schutthalde unter dem Stiegelesfels im oberen Donautal mit Steppenheideflora.

Rechts:
Abb. 12. Die Holzwiesen des Irndorfer Hart.

fiel Rodung mit Hilfe des Feuers in einem weniger dichten Urwald leichter. Waren die bis dahin hier lebenden Menschen durch die ganze Eiszeit (Alt- und Mittelsteinzeit nach Art der Werkzeuge und Waffen) auf Sammeln und Jagen angewiesen, so produzierten jene von Südosten kommenden Menschen jetzt nicht nur auf gepflügten Feldern einfache Getreidearten und Hülsenfrüchte, sondern stellten auch Keramikgefäße mit Verzierungen her. Danach werden sie und ihre Zeit „Bandkeramiker" genannt.

In dieses Kapitel der Vegetationsgeschichte gehört auch die Erwähnung der „Steppenheidetheorie" von Robert GRADMANN. Unter „Steppenheide" führte er den Typ einer bunten Pflanzengesellschaft ein, deren Mitglieder alle licht- und wärmebedürftig sind und eine gewisse Trockenheit ertragen können. Sie stellt nach Gradmann eine urwüchsige Grundeinheit der Albvegetation dar, kommt heute allerdings nur noch in zerstreuten Arealen vor, in ganz Süddeutschland und im benachbarten Ausland in jeweils anderer Zusammensetzung. Die Bäume der Steppenheide erreichen selten größere Höhe als die eines Busches; an Arten sind vertreten: Eiche, Linde, Hasel, Mehlbeere, Buche, auch Feldahorn, Kiefer (Forche). Sträucher wie Wacholder, Schlehe und Wildrosen fehlen selten. Zu den selteneren Blumen der Steppenheide zählen Küchenschelle und Graslilie, zu den weniger wählerischen Große Flockenblume und Kleine Glockenblume. Solche Steppenheidegebiete mit höchstens parkartigem Baumbestand sind fast die gleichen Gebiete des Landes, in denen die ältesten und zahlreichsten Spuren der Bandkeramiker gefunden wurden (Altsiedelland).

Einmal in diesen Gebieten ansässig, ließen sich die Menschen auch durch die Klimaverschlechterung, die im 2. Jahrtausend v. Chr. einsetzte und mit dem Vordringen der Rotbuche in den Wäldern einherging, nicht mehr vertreiben. Um etwa 800 v. Chr. muß dann ein regelrechter Klimasturz stattgefunden haben. In den Gebirgen wie dem Schwarzwald entstanden Buchenmischwälder mit Tanne und Fichte; Eichen wurden nie ganz verdrängt, ihre lange Vorherrschaft war aber beendet.

Da sich die Art der Landwirtschaft noch wenig änderte, obwohl neue Nutzpflanzen wie Dinkel, Hafer, Roggen, Ackerbohne und Hanf eingeführt wurden, waren auch die Jahrtausende später lebenden Alemannen und Franken auf die Altsiedelräume angewiesen. Es gilt noch einmal zu betonen, daß mit dem ersten Ackerbau auf (brand)gerodeten Flächen der erste starke Eingriff des Menschen in die bis dahin natürliche Umgebung bereits vor rund 6000 Jahren stattgefunden hat.

Die zweite Zeit größerer, viel weitergehenderer Eingriffe begann im Hochmittelalter ab etwa 1100 n. Chr., als man in den Mittelgebirgen große Alprodungen vornahm und die Waldweide einführte. Davon war die Alb jedoch nur zum Teil betroffen: Vom Westen (Schwarzwald) her waren Tannen eingewandert, was den Mittelgebirgscharakter dieser Teile der Alb verstärkt hatte; hier wurde jetzt auch die Waldweide betrieben.

In den niedrigeren Teilen zur Donau hin aber dienten große Flächen seit rund 5000 Jahren dem Ackerbau. Die im Mittelalter stark aufkommende Schafhaltung schuf aus ehemaligen Buchenwäldern die Wacholderheiden, die uns heute so ursprünglich vorkommen.

Vegetation

Die Wälder der Alb, in denen, neben der Eiche und der neu hinzugekommenen Hainbuche, immer noch die Rotbuche vorherrschte, wurden ab dem Mittelalter regelmäßig überbeansprucht. Zahlreiche Ursachen wie Waldweide, Holznutzung für Hausbrand, Holzkohlegewinnung zur Eisenverhüttung, Jagd und viel zu dichter Wildbesatz, ferner eine geringe Wertschätzung zehrten bis zum Ende des 18. Jahrhunderts an der Substanz der Wälder. Erst mit Wiederaufforstungen des 18./19. Jahrhunderts wurde dieser Niedergang gestoppt.

Gleichzeitig kam es aber zu einer Veränderung des Waldinventars: schnellwüchsige Fichtenforste wurden angepflanzt, z.T. in einem solchen Umfang, daß der ursprünglich natürliche Rotbuchen-Mischwald weitgehend verdrängt wurde (siehe Gebiete 8 und 9).

So haben wir heute ein Nebeneinander von Streuobstwiesen unterm Trauf (s. Abb. 27), Buchenmischwäldern am Trauf und z. T. auf der kuppigen Hochalb, Fichtenforsten, Wiedewiesen (ganz vereinzelt noch als Holzwiesen, Abb. 12), Ackerflächen, Wacholderheiden (Abb. 13), Schluchtwäldern, deren Arten sich in Nordlage und Südlage ziemlich unterscheiden, Resten der Steppenheide z. B. auf Felsen, Schutthalden und geringmächtigen Rohböden (Abb. 11) und einigen anderen Bewuchstypen. Davon kommen Buchenmischwälder, Schluchtwälder, Feuchtgebiete und Moore am ehesten einer natürlichen Pflanzenwelt nahe.

Vom Menschen wenig beeinflußt und zum Teil schon seit gut 50 Jahren aus der Bewirtschaftung genommen sind die Bannwaldgebiete der Alb. Es gibt davon fünf, die sich deutlich unterscheiden. Klar wird der Gegen-

Links:
Abb. 13. Wacholderheide auf dem Kraftstein (Großer Heuberg).

Rechts:
Abb. 14. Die Schaufelsen im oberen Donautal, Nistplätze für Felsenbrüter.

satz Nutzwald – Bannwald („Urwald von morgen") besonders am jeweiligen Rand, z. B. beim Untereck (Gebiet 3).

Tierwelt

Gegenüber anderen Großräumen Süddeutschlands gibt es auf der Alb bei Säugern und Vögeln ein paar Besonderheiten. Dazu darf man sicher die Fledermäuse rechnen, die in Höhlen überwintern, Wanderfalken, die gerade noch vorm Aussterben gerettet wurden, und Uhus, die erfolgreich wieder ausgesetzt (ausgewildert) wurden. Verglichen mit den Eiszeiten, als es Mammuts, Wollnashörner, Rentiere, Höhlenbären und Wölfe auf der Alb gab, ist die heutige Tierwelt ganz anders geprägt. Stark vertreten und darin von anderen Landesteilen nicht abgehoben ist das jagdbare Wild. Es findet zum Teil wegen der geringeren Siedlungsdichte günstigere Voraussetzungen vor als z. B. im Ballungsgebiet des Mittleren Neckarraumes.

Klima

„Rauhe Alb" ist ein volkstümlicher Begriff, der sich hartnäckig hält, aber so pauschal keine Berechtigung hat. Vielmehr liegen die Temperaturen auf der Hochalb entsprechend der ganz normalen Abnahme mit zunehmender Meereshöhe im Vergleich zu denen des Albvorlandes niedriger: im Januarmittel überm Trauf 1,5 bis 2°C, im Frühjahr und Sommer bis zu 2,5°C unter denen des Vorlandes. Im Herbst und Winter sind die Hochlagen der Alb sogar begünstigt, wenn ruhiges Hochdruckwetter im Tal und in den Beckenlagen die Kaltluft, oft mit Nebel angereichert, gefangen hält. Es kann dann oben deutlich wärmer, vor allem trockener sein, nachts erheblich milder, tagsüber die ganze Zeit sonnig. Solche Temperaturumkehr oder Inversion drückt sich in den geringeren Unterschieden der Mitteltemperaturen für den Winter aus.

Die Niederschläge verteilen sich auf die Albgebiete ungleich: generell mehr fallen am Nordwestrand, dem Trauf, während die Gebiete zur Donau hin ausgesprochen trocken, kontinental sein können. Der Regenschatten des Schwarzwaldes bewirkt zudem eine weitere Ungleichheit: Auf der an sich höheren Südwestalb fällt nicht mehr Regen und Schnee als auf der Mittleren Alb um Schopfloch und Donnstetten. Auch Teile am Trauf bei Donzdorf und der Albuch bekommen genauso viel Niederschläge ab wie der Große Heuberg (im langjährigen Durchschnitt etwas über 1000 mm).

Nebel sind auf der Alb außer auf der zu Donau und Brenz gewandten Seite relativ selten. Wind kann erheblich stärker über die Alb pfeifen als im Flachland; dies führt im Winter oft zu Schneeverwehungen. Auch Föhn kann bei Südwinden auftreten. Ähnlich gut wie nördlich der Alpen wird dann die Sicht von Norden auf den Trauf; es kommt zu dem schon oft beschriebenen Eindruck einer „blauen Mauer" im Süden.

Naturschutz, Ökologie

Einige Beispiele für erfolgreiche Bemühungen um die Erhaltung der natürlichen Reichtümer wurden schon erwähnt: Falken, Uhus, Bannwälder, Wacholderheiden, Feuchtgebiete. Trotzdem wurde in Vergangenheit und Gegenwart vieles zerstört, wovon sich einiges wohl kaum mehr rückgängig machen lassen wird. Ein schlimmer Trend, dessen Auswirkungen man überall sehen kann, ist der gewaltige Flächenverbrauch durch Einfamilienhaus-Siedlungen und Gewerbegebiete, obwohl die Bevölkerungszahl, insgesamt gesehen, abnimmt. Beim Straßenbau geht der Trend zur Verdichtung des Netzes immer weiter. Wem dies zu viel ist, der kann gut einen Beitrag dazu leisten, die „Sachzwänge" für weitere Straßen mit abzubauen. So kann jeder für Fahrten auf die Alb die Bahn, den Bus oder das Fahrrad benutzen. Ebenfalls im Sinne des Natur- und Umweltschutzes handelt, wer so oft wie möglich darauf verzichtet, bis in das Naturschutzgebiet mit dem Auto zu fahren, jedes denkbare Gewässer mit einem Boot zu befahren, mit dem (Gelände-) Fahrrad von den Wegen abzuweichen. Gerade diese harmlosen Tätigkeiten sind es oft, die die Zerstörung von noch intakten Biotopen beschleunigen (helfen); Kenntnis und Gedanken über die Folgen eigenen Tuns helfen, passiven und aktiven Natur- und Umweltschutz zu betreiben.

Abb. 15. Überall auf der Alb: Einzeln stehende Weidebuchen.

Allgemeines zu den Tourenvorschlägen

Bei der Auswahl der Vorschläge wurde versucht, allen Gebieten gerecht zu werden. Eventuell auftretende Häufungen liegen u. a. daran, daß der Albtrauf von Natur aus dichter mit Sehenswürdigkeiten wie Felsen, Schluchten, Wasserfällen und Traufwäldern besetzt ist. An der donauwärtigen Seite finden sich dafür mehr Trockentäler, Feuchtgebiete, Quelltöpfe, Höhlen mit kulturgeschichtlicher Vergangenheit, auch Klöster und Kirchen.

Die Vorlieben des Autors für bestimmte Gebiete sollen hier nur als Anregung dienen, dem interessierten Leser die nähere Beschäftigung auch mit eng begrenzten Teilgebieten der Alb nahezubringen. Mit weiterführender Literatur und guten Karten dürfte dies auch leicht möglich sein. Als topographische Übersichtskarten eignen sich die beiden Blätter „Wandern und Radwandern in Baden-Württemberg" im Maßstab 1:200 000. Östlich der Linie Nördlingen – Günzburg benötigt man zusätzlich bayerische Blätter. Zum Wandern und Radwandern sind nach wie vor die amtlichen topographischen Karten 1:50 000 unerreicht, da sie genügend Höhenlinien und -punkte und eine Fülle von Einzelheiten abbilden. Wählen Sie hier die Ausgabe mit Wanderwegen und Radwandervorschlägen, da sich auf sie viele Angaben des Autors beziehen.

Bei den in den Karten verzeichneten Radwander-Vorschlägen ist jedoch örtlich Vorsicht geboten. Kritisch wird es dort, wo der eingezeichnete „grüne Strich" den Trauf auf einem nicht als Fahrweg gekennzeichneten Anstieg überwinden soll. Soweit der Autor beim „Abradeln" nicht oder nur sehr schlecht befahrbare Strecken vorfand, wurde das im Tourenvorschlag vermerkt. Ansonsten dürften keine Schwierigkeiten auftreten, wenn man den „grünen Strichen" mit dem Rad folgt.

Bei allen Wanderungen sind möglichst hohe, den Knöchel umschließende Schuhe mit gutem Profil sinnvoll. Da die Kalksteine lehmig verwittern und die Tonsteine und Mergel am Steilanstieg im Wald selten völlig austrocknen, ist fast immer mit rutschigen Wegen zu rechnen. Eine Windjacke, besonders nach schweißtreibendem Aufstieg, ist auch im Hochsommer angebracht. Brunnen mit Trinkwasser sind auf der Hochalb so gut wie nicht zu finden.

Die Skiwandervorschläge sind alle mit einer Karte „Langlaufloipen Schwäbische Alb" abgestimmt. Wenn auf Möglichkeiten hingewiesen wurde, die über markierte Loipen hinausgehen, dann nur in der Absicht, auf auch im Sommer begangenen Wegen an besonders schöne Punkte hinzuführen. Diese Wege wird man sich sicher oft mit Spaziergängern teilen müssen, ein vorsichtiger Laufstil auf Ski wird also angebracht sein. Ansonsten sollten auf jeden Fall die Loipen eingehalten werden, besonders wenn die Spuren durch Wald und kuppiges Gelände mit vielen Hecken gezogen wurden. Das Wild kann sich auf immer wieder benutzte Wege einstellen; durch das Unterholz brechende Wanderer können dagegen Panik, kräftezehrende Flucht, im Winter sogar Lebensbedrohung auslösen. „Abkürzer" von Wegserpentinen schaden der Pflanzendecke sehr und fördern die Erosion des Bodens. Halten Sie daher bitte die Wege ein, besonders an felsendurchsetzten Hängen.

Umweltfreundliches Reisen und Wandern schließt Bahn und Bus ein. Trotz einer allmählichen Ausdünnung des Streckennetzes erreicht man die meisten Stellen der Alb mit öffentlichen Verkehrsmitteln. Bei Streckenwanderungen hat man auch den entscheidenden Vorteil, nicht an den Ausgangspunkt zurückkehren zu müssen. Dennoch wurden hier auch Vorschläge für Rundstrecken gemacht. Vor allem bei beschränkter Zeit eignen sich dann die Wanderparkplätze als Ausgangspunkt.

Bei den Radwandervorschlägen wurde darauf geachtet, daß in jedem Gebiet eine eintägige Rundtour unternommen werden kann. Kurze Abschnitte führen dabei auch über reine Wanderwege, wo Rücksicht auf Wanderer und etwas schwierigerer Belag zum Schieben des Fahrrades zwingen können. Meistens wird man für die zusätzliche Mühe durch besonders schöne Aussichten oder sonstige Sehenswürdigkeiten belohnt. Wer über die nötige Kondition und/oder ein sehr bergtüchtiges Fahrrad mit kleinen Übersetzungen verfügt, hat sicher bald Spaß daran, etwas mehr als üblich zu „klettern" und anschließend eine der zügigen Abfahrten zu genießen. Seien Sie aber vorsichtig bei der Fahrt unter Felsen! Es liegen fast immer kleine Steine auf der Straße. Aus diesem Grund und wegen der leicht erreichten hohen Geschwindigkeiten ist ein Sturzhelm kein Zeichen der Angst, sondern der Vernunft.

Als besonderer Anreiz werden hier Rad-„Verknüpfungs-Strecken" vorgestellt. Man kann auf diese Art sich seinen „Schwäbischen Albweg mit dem Rad" ganz individuell zusammenstellen. Dank des Radtransports in vielen Zügen der Bundesbahn, auch der S-Bahn (werktags außerhalb der Hauptverkehrszeiten, an Wochenenden stets) von Stuttgart aus, und des Radverleihs an einigen Bahnhöfen wird eine große Beweglichkeit ermöglicht. Die Bundesbahn-Leihräder sind robust, aber – wenn überhaupt – nie mit mehr als 3 Gängen normaler (Flachland-)Übersetzung ausgestattet. Dem trainierten Leser wird empfohlen, aus diesen Gründen doch das eigene Rad mitzunehmen, vor allem wenn es speziell auf die Körpergröße abgestimmt ist. Die Informationen über Radtransport und -verleih stehen im amtlichen Kursbuch. Auf jeden Fall müssen die in den Fußnoten vermerkten Ausnahmen gut beachtet werden, da es sonst passieren kann, daß man nach einer Radtour sonntags am Bahnhof steht und sein Rad nicht gleich wieder mit nach Hause nehmen kann

Bootswanderungen auf den dafür im Grunde geeigneten Flüssen sind m. E. unterschiedlich zu beurteilen. Diese eigentlich umweltfreundliche Fortbewegungsart wird schnell zur Belastung für ökologisch intakte Flüsse, wenn den Empfehlungen zu viele Menschen folgen. Man sollte von daher gut abwägen, wo und wie man seinen Sport ausübt. Eine „Kanalisierung" auf einige wenige Flüsse, auf denen sowieso schon reger Betrieb herrscht, mag zwar wenig reizvoll sein, ist aber ökologisch geboten. So ist es schlecht, wenn sich z. B. auf den naturnahen Abschnitten der oberen Donau ganze Bootsgruppen bewegen, ihre Besatzungen sich laut über weite Entfernung unterhalten, an ungeeigneten Stellen ans Ufer gehen und dabei brütende Wasservögel verscheuchen.

Die Bestimmungen des Naturschutzgesetzes umfassen Punkte, an die man im ersten Moment nicht denkt. Sie sind überall am Rande der Gebiete auf Tafeln zu lesen. Es ist u. a. verboten, Wege zu verlassen, Pflanzen zu pflücken und auszugraben, Tiere zu beunruhigen oder zu fangen, unnötigen Lärm zu machen, Feuer außerhalb bezeichneter Stellen zu entzünden, Verschmutzungen zu verursachen. Der letzte der hier genannten Punkte ist auf den ersten Blick das berechtigste Verbot. Durchgängig sind alle Höhleneingänge, Felsen mit Aussichtspunkten, Grillplätze und auch weniger gut erreichbare Stellen von Müll übersät. Wenn jeder, der sich darüber ärgert, außer dem eigenen Abfall noch eine fremde Getränketüte o.ä. mit zum Abfalleimer nimmt, kann es vielleicht hierin einmal besser werden.

Zum umweltfreundlichen Verhalten im Gelände gehört auch, daß man beim Fotografieren von Pflanzen und Tieren nicht alles um sich herum vergißt. Bevor man Zäune um Orchideen übersteigt, sollte man doch lieber ein Teleobjektiv benutzen. Jungpflanzen sind so leicht zertreten, und das fällt meist erst dann auf, wenn die Art immer seltener wird.

Zurückhaltung beim Suchen von Versteinerungen und Mineralien sollte man immer dann üben, wenn man außerhalb von eigens dafür eingerichteten „Klopfplätzen" sammeln will. Jede sowieso schon vorhandene Schutthalde am Wege bietet in der Regel mehr Möglichkeiten für Funde als vom Steinschlag gefährdete Felswände oder in Betrieb befindliche Steinbrüche. Hinzu kommt, daß die „Prachtstücke" fast immer besser in einem Museum zu sehen sind.

Abkürzungen, die im Text verwendet werden:
Bf   = Bahnhof
(766) = Fahrplan-Nummer im Kursbuch
B   = Bundesstraße
NSG   = Naturschutzgebiet
AP   = Aussichtspunkt
re   = rechts
li   = links
Ri   = Richtung
AT   = Aussichtsturm

Gebiet ①
Randen, Wutach, Hegau- und Baaralb

Bei diesem Gebiet handelt es sich in jeder Hinsicht um eine Grenzregion. Im Süden schnitten der heutige Hochrhein und sein eiszeitlicher Vorläufer im Klettgau tiefe Täler ein, die Vorfluter des Gebiets. Über ihnen erhebt sich der überwiegend auf schweizerischem Hoheitsgebiet liegende Randen auf über 900 m. Im Südwesten setzt der erdgeschichtlich junge Rhein-Zubringer Wutach mit einem bis zu 400 m tiefen Tal, gemessen an Randen und Eichberg, eine genauso deutliche Marke. Im Nordwesten ist es die flachwellige Baar, oftmaliger „Kältepol" Südwestdeutschlands, die Schwarzwald und Alb trennt. – Nur im Südosten fällt die Abgrenzung zum Hegau schwerer. Man kann willkürlich den

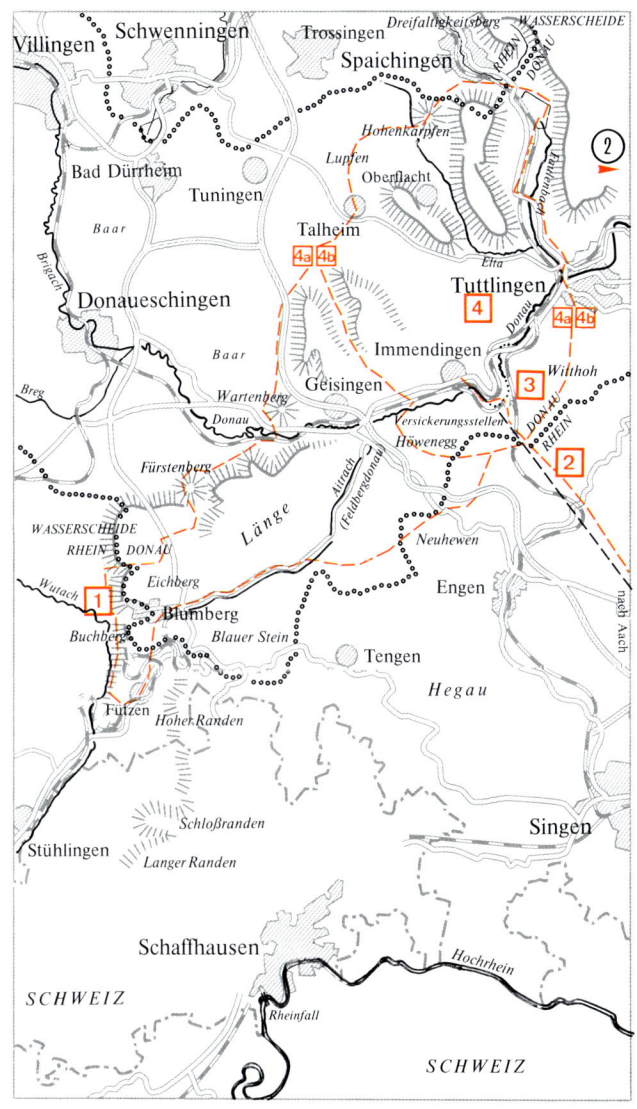

Abb. 16.

Kamm von Kommingen–Randen über nördlich Tengen und Engen bis Aach dafür festlegen. Auf weite Strecken verläuft hier auch die Wasserscheide zwischen Donau und Bodensee/Rhein. Außerdem gestatten

Links:
Abb. 17. Am Wartenberg im Hegau, am Gipfel steht Basalt an und ist grob vermauert.

Rechts:
Abb. 18. Vom Witthoh sind die Hegauvulkane Hohenhewen und Hohenstoffeln (links, zweigipflig) gut zu sehen.

verschiedene Stellen dieses Kamms hervorragenden Einblick in die Topographie des Hegau: Aus einem Becken mit verschieden tief eingeschnittenen Tälern, die zum Teil kein Wasser mehr führen, aber alle zum Bodensee weisen, ragen Vulkanruinen unterschiedlichster Form heraus. In der Reihenfolge Feuer – Eis – Wasser haben in den letzten rund 14 Millionen Jahren die Elemente an der Hegau-Landschaft gearbeitet. Unser Gebiet wurde in erster Linie vom Wasser und vom Hangabtrieb geformt. Dennoch greifen einzelne Hegau-Vulkane weit über den „Hegau der Geologen" nach Norden aus. Der Wartenberg bei Geisingen, nördlich der Donau gelegen, der „Blaue Stein" bei Riedöschingen, der Osterbühl SO' Leipferdingen, der Neuhewen, höchster Hegau-Vulkan mit 867 m, der Hewenegg S' Immendingen sind die wichtigsten. Der Basalt des Hewenegg wurde lange Zeit abgebaut. Die gewaltige Grube macht das Ausmaß eines Vulkanschlots deutlich. Knapp SO' des Basaltvulkans sprengte ein weiterer Trichter mit anderen vulkanischen Gesteinen die damalige Landoberfläche. In dem Krater bildeten sich in einem See tonige, kalkige und tuffige Schichten. In ihnen wurden vollständige Skelette tertiärer Pferde gefunden (*Hipparion*-Fauna).

Zwischen den eingangs beschriebenen Umgrenzungen erhebt sich der markante Albtrauf. Die Weißjura-Gesteinsplatte ist jedoch hier in der Breite deutlich vermindert, da sie stärker nach Südosten geneigt ist, wo sie unter weiten Flächen der „Juranagelfluh" und dann endgültig unterm Hegau verschwindet. Die Juranagelfluh sind von Flüssen abgela-

gerte Gerölle, die vorwiegend aus Jurakalken der nahen Alb bestehen. Sie stammen aus der Zeit, als im tertiären Molassebecken ein Meer bestand, das den Schutt der umgebenden Gebirge aufnahm. Heute liegen die Gerölle zum Teil fest verkittet in rund 800 m Höhe. Diesen Hebungsbetrag hat die Alb an ihrem Südwestende also bereits überwunden.

Die Entfernung vom Wutachtal bei Grimmelshofen nach Schaffhausen beträgt gerade 13 km. Der südwestdeutsche „Gesteinsfächer" vom Muschelkalk bis zum Quartär ist auf diese Distanz eingeengt. Woanders, zum Beispiel zwischen Freudenstadt und Sigmaringen, ist er bereits 60 km breit, weiter nördlich noch viel mehr.

Lang-, Schloß- und Hoher Randen, Buchberg, Eichberg, Fürstenberg, Länge, Amtenhausener Berg, Lupfen, Hohenkarpfen heißen einige der höchsten Erhebungen entlang des Traufs. Es sind zum Teil ganz oder weitgehend freistehende Zeugenberge. Von verschiedenen hat man eine ausgezeichnete Rundumsicht, soweit es Bäume nicht verhindern.

Drei regelrechte Natur-Schauspiele haben das Gebiet nicht nur unter Erdwissenschaftlern bekannt gemacht: die Wutachschlucht mit dem Ablenkungs-„Knie" bei Blumberg/Achdorf, die Immendinger Donauversickerung und der Aachtopf. Alle drei werden in zwei Tourenvorschlägen ausführlicher erläutert. Vom Kapitel „Landschaft" ist bereits bekannt, daß die Donau Stück um Stück Einzugsgebiet an das Rhein-Neckar-System verliert. Hier an der Ablenkung der ehemaligen „Feldberg-Donau" durch die Wutach und an der Versickerung kommt dies aktuell und deutlich zum Ausdruck.

Im Hinblick auf die Tier- und Pflanzenwelt verlaufen in und um unser(em) Gebiet ebenfalls verschiedene Grenzen. Wärmeliebende Arten, zum Teil aus dem Mittelmeerraum eingewandert, halten sich an den Südhängen in Richtung Hegau, aber auch in der klimatisch eher kontinentalen Baar. Überbleibsel der Eiszeit überdauerten (außer im nahen Südschwarzwald) an kühlen Nordhängen ebenso der Baar und des Wutachgebiets. Auf Oberjura und Juranagelfluh überwiegt der Einfluß des kalkreichen Bodens. Kommt der Schatten eines lichten Buchenwalds zum Faktor Boden hinzu, dann kann sich unter günstigen Bedingungen eine reichhaltige Orchideen-Gesellschaft bilden. Berühmte, seltene und gefährdete (!) Vertreter wachsen am botanischen Lehrpfad im NSG Rehletal (siehe Tour 2). Die niederen Zäune dort sind nicht willkürlich gezogen, beachten Sie sie unbedingt!

1 Rundwanderung Wutachknie bei Blumberg/Achdorf

Bis in die letzte Eiszeit war die mittlere und obere Wutach der Hauptast der Donau, Feldberg-Donau, die sich über das breite Aitrachtal bis Geisingen fortsetzt. Heute fließt von Blumberg bis Geisingen nur noch das kleine Flüßchen. Westlich von Blumberg hatte sich ein ähnlicher Aufstau der damaligen Donau gebildet wie heute westlich Geisingen. In ihm wurde kräftig aufgeschottert, bis eher zufällig die Feldberg-Donau beim Pendeln nach Süden überlief. In der nahegerückten unteren Wutach, die sich vom Hochrhein her etwa vor 20 000 Jahren bis Grimmelshofen nach Norden gearbeitet hatte, fand das Wasser einen viel näheren Abfluß. Seit dieser Ablenkung hat sich die heutige Wutach bei Achdorf um rd. 170 m tiefer geschnitten und mehrere Kubikkilometer Gestein ausgeräumt. Von Achdorf hält man sich an das Zeichen schwarz-rote Raute auf gelbem Grund (Schwarzwald-Ostweg). Vom Ort weg führt der Weg zunächst über bucklige Streuobst-Wiesen (Rutschgelände, zuletzt 1966 größer), dann im Mischwald auf zum Teil recht lehmigem Pfad aufwärts. Nach rund $1/2$ h Anstieg lohnen wenige Schritte nach rechts aus dem Wald in Ri. Blumberg. So kommt man in Sekunden vom jungen, unruhigen Abtragungs-Gelände, das steil zur Wutach abfällt, zur ausgeglichenen, ehemaligen Talflanke der Feldberg-Donau. Durch immer wieder neue Rutschungen an den übersteilen Hängen beiderseits der Wutach war es auch leicht, von der Natur vorgegebene Stellen zu „Klopfplätzen" auszubauen, wo auf Tafeln gleichzeitig die Geologie anschaulich erklärt wird (dazu auch geologisches Zentrum Aselfingen im alten Schulhaus). Nach rund $1^1/2$ h und knapp 400 Höhenmetern erreicht man den Eichberg (Schutzhütte). Der Blick ist umfassend: über Achdorf und die südlich anschließenden Wutachflühen bis zur Randenalb, die zum großen Teil auf Schweizer Gebiet liegt. Im Süden ganz nah der Buchberg, die andere Talbegrenzung der alten Donau. Von SSW bis NNO erstrecken sich, nur durch die Wutachschlucht unterbrochen, die fruchtbaren Ackerflächen der südlichen Baar und des östlichen Hotzenwaldes (sie sind der Anfang des nach Norden immer breiter werdenden Streifens der verschiedenen Gäue am oberen Neckar und bis Hohenlohe hinein). Am Horizont erhebt sich der Südschwarzwald.

Unser weiterer Weg führt nach Osten (gleiches Zeichen), dann folgen wir nach etwa 1,5 km ebener Wanderung einem Hohlweg rechts abwärts. Aus dem Wald (Wanderparkplatz) hinunter ist Blumberg schnell erreicht (Bus 7446 von Tuttlingen). Blumberg war eine Zeitlang Bergbaustadt. Zuletzt wurden die Eisenoolithe des oberen Braunjura am S-Hang des Stobergs abgebaut. Von Blumberg aus hält man sich nach Westen, nach dem Querweg Freiburg – Bodensee (weißrote Raute), der ein Stück weit die wellige Straße nach Achdorf benutzt. In der Straßendecke spiegelt sich die ganze Unruhe des Untergrunds. Länge der Runde rd. 11 km, 400 Höhenmeter. Erweitern läßt sich die Wanderung um eine Besteigung des Buchbergs, von dort Abstieg ebenfalls nach Achdorf.

Von Blumberg-Zollhaus nach Weizen verkehrt an bestimmten Tagen die Museumsbahn (736). Ende des letzten Jahrhunderts wurde diese Umgehung des Schweizer Hoheitsgebiets trotz des schwierigen Geländes gebaut. Zahlreiche Kunstbauten, darunter ein Vollkreis-Tunnel (daher der Name „Sauschwänzles-Bahn"), machen die rd. einstündige Fahrt zu einem Erlebnis. Man kann sie mit der Wanderung verbinden, indem man ab Zollhaus nach Weizen fährt und von dort auf dem Schwarzwald-Ostweg durch den Südteil der Wutachschlucht, die Flühen, nach Achdorf/Blumberg zurückkehrt. Bf Weizen – Achdorf 11 km, rd. 3 h.

2 Immendingen – Donauversickerung – NSG Rehletal – Aachtopf

Der zweite Wandervorschlag versucht, den Weg des versickernden Donauwassers oberirdisch nachzugehen. Die Schwarzwaldflüßchen Brigach und Breg vereinigen sich bei Donaueschingen zur Donau und versehen sie in der Regel mit reichlich Wasser. Der längste mitteleuropäische Fluß beginnt jedoch nach wenigen Kilometern, sich untypisch für einen Strom zu verhalten.

Beim Eintritt in die Albtafel, die sie erst durchsägen mußte, hat die Donau westlich von Geisingen eine Aufschotterung mit sumpfigen Wiesen bei Neudingen und Gutmadingen ausgebreitet. Das Gebiet kann vom Wartenberg aus besonders gut überblickt werden. Es ist häufig weit überschwemmt und zum Teil ein Feuchtbiotop. Nach Eintritt in die klüftigen Weißjura-Kalksteine grenzt ab Immendingen das

Flußbett direkt an Felsspalten, in denen Wasser in großem Umfang versickern kann. Um nun Tuttlingen und den Donauorten abwärts wenigstens eine Mindestwassermenge zu garantieren, wurde bei Immendingen eine Umleitung durch den Berg gebohrt.

Immendingen hat Bus- und Bahnverbindung in mehrere Richtungen (720, 755, 7446), so daß man ab dem Ziel in Aach über Engen bzw. Singen leicht hierher zurückkehren kann.

Man folgt der blau-gelben Raute und kommt in rund 20 Minuten zu den Stellen, wo deutliche Löcher und Spalten am Südrand des Flußbetts das Wasser aufnehmen. Tafeln an beiden Enden der Versickerung erläutern das Phänomen, auch mit einem geologischen Schnittbild. Das Donauwasser versickert in Klüften der Weißjura-beta-Kalke, benötigt $2^1/_2$ bis 3 Tage für seinen Weg zum Aachtopf, überquert dabei mehrere größere Brüche im Gebirge und gelangt so trotz zwischengelagerter, stauender Mergel in die jüngeren Weißjura-zeta-Kalke am Aachtopf. Das Gefälle zur Aach beträgt 175 m, die Entfernung 12 km Luftlinie. Ganz abhängig von der Wassermenge der Donau ist die Schüttung des Aachtopfs: im Mittel ca. 9000 l/s, zwischen 1300 und 24800 wurden gemessen; er ist damit die ergiebigste Quelle Deutschlands. Wahrscheinlich löst das Wasser auf seinem Weg durch das verkarstete Gebirge etliche Kubikmeter Kalkstein jährlich. Der Kalkgehalt von der Donau zur Aach nimmt nämlich um rund 50% zu.

Die Wanderung von der Versickerung am „Brühl" folgt weiter der gelb-blauen Raute, Ri. Hattingen und Engen. Über das Ostportal eines Tunnels der Bahnlinie Donaueschingen – Singen – Konstanz, am Bf Hattingen vorbei, wo die Linie Stuttgart – Rottweil einmündet, geht es weiter auf der Landstraße bis SW' Hattingen, dann re. in den Wald und am Sportplatz zu einer Wegegabelung. Re. geht unser Weg Ri. Aach, li. mit dem gleichen Zeichen Ri. Hattingen – Windegg/Witthoh – Tuttlingen. Letztere Strecke erfordert ca. $2^1/_2$ h ab dem Abzweig und kann herrliche Blicke über Hegau und Bodensee zu den Alpen bieten (siehe Tour 3).

Zum Aachtopf folgt man jedoch dem anderen Weg nach rechts, beachtet aber die blau-gelbe Raute nach rd. 2 km nicht mehr. Geradeaus weiter kommt man nach kurzer Zeit ins NSG Rehletal. Im Mai/Juni blühen dort zahlreiche Orchideen, ein Naturlehrpfad mit zwei unterschiedlich langen Routen führt an einigen Vorkommen entlang. Beachten Sie bitte die Zäune, und tragen Sie so zur Erhaltung der geschützten Pflanzen und Tiere – darunter ein riesiger Ameisenhaufen – bei.

Vom Wanderparkplatz bis zur Talmühle muß man zwar die Landstraße benutzen, es ist aber nur ein kurzes Stück und wenig Verkehr. Ab Talmühle Ri. Engen ist wieder das bekannte Zeichen zu beachten. Unterhalb der Bahnlinie, dann unter ihr durch und steil aufwärts hinaus aus dem Wald und über freie Flächen geht es nach Bittelbrunn. Nach dem Ort abwärts ist schnell ein kleines Trockental erreicht, das zwar bald in das Wasserburger Tal einmündet, mit seinem hochgelegenen Boden aber auf eine Entstehung zum Ende der Eiszeit hinweist. Das Wasserburger Tal entwässert Teile der Hegaualb um Emmingen und Liptingen

Abb. 19. Der Aachtopf „brodelt" – bis zu 25m³/s Wasser fließen hier aus.

zur Aach (zum Bodensee). Wahrscheinlich sehr knapp unterhalb der Sohle des Wasserburger Tals (und anderer seit der Donau gequerter Täler) zieht das Donauwasser zum Aachtopf, hat aber hier keine Austrittsstellen. Kurz auf der Landstraße, dann weist das Zeichen vor der Einmündung in die Bundesstraße 31 wieder li. in den Wald. Rund 3 km weiter erreicht man direkt den Aachtopf. Eine Variante zum Schluß: etwa $1^1/_2$ km vom Wasserburger Tal weg re. hinunter durch einen mit grüner Tafel „8" bezeichneten Hohlweg in ein Tal. Dieses und das nächste südlich sind eiszeitliche Schmelzwasserrinnen. Sie umflossen den Hügel, auf dem das ummauerte Städtchen Aach liegt. Von dort sind es nur wenige Minuten bis zum Aachtopf. Die Strecke ist rund 21 km lang, die geringen Höhenunterschiede summieren sich auf lediglich 200 m. Mit entsprechender Muße ist ein voller Tag zu veranschlagen. Von Aach gehen Busverbindungen nach Engen (seltener) und Singen, von dort Züge zurück nach Immendingen oder Tuttlingen (720 und 740).

Wer einmal über den Rand der Schwäbischen Alb hinaus wandern will, kann dies von Aach aus leicht tun. Von hier durch den nördlichen Hegau sind es nach Ludwigshafen am Ende des Überlinger Sees nur rund 25 km. Zu beachten ist dabei stets die blau-gelbe Raute wie bisher. Mit einer weiteren Tagesetappe von gut 30 km auf dem Bodensee-Uferweg erreicht man zum Teil sehr romantisch (Marienschlucht) sogar Konstanz.

3 Witthoh- und Hattinger Loipe

Als Skiwanderung empfehlenswert ist eine Loipenrunde am Witthoh mit rund 11 km, die zu einer 21-km-Tour ausgedehnt werden kann, wenn man die Hattinger Loipe anschließt. Einstieg am Gasthaus Windegg oder in Hattingen. Den meisten Genuß verspricht diese Skiwanderung bei guter Fernsicht, d.h. Temperaturumkehr und klarer, relativ milder Höhenluft während Hochdruckwetter im Spätwinter.

4 Radrunden 4 a) u. b) ab Tuttlingen mit unterschiedlicher Länge

Tuttlingen hat gute Bahnverbindungen in alle Himmelsrichtungen, am Bahnhof befindet sich ein Fahrradverleih. Ab Bf Tuttlingen halte man sich zunächst an den Radweg parallel zur B 14 Ri. Rottweil/Spaichingen. Nach rd. 2 km werden die Radler weg von der Kfz-Straße „über die Dörfer" geschickt, Wurmlingen – Weilheim – Rietheim. Ein kleiner Umweg über Dürbheim und das Dürbheimer Ried (NSG) lohnt sich. Das Ried liegt südlich der durch Schutt gebildeten Talwasserscheide Prim/Faulenbach. Die Nische der Primquelle weist noch eindeutig in unsere Richtung; von östlich des Dreifaltigkeitsbergs biegt die Prim aber schnell nach NW ab und fließt zum Neckar. Am Südrand von Balgheim ein kurzes Stück an der B 14 wieder Ri. Tuttlingen, nach der Bahnbrücke re. und immer parallel der Bahn bis Spaichingen. Auf der Landstraße Ri. Hausen ob Verena eröffnen sich mit jedem Meter (angenehmer) Steigung immer bessere Blicke zu den Tausend-Meter-Bergen der Alb. Dann kommt im Süden der Hohenkarpfen ins nahe Blickfeld, ein kegelförmiger Ausliegerberg ohne vulkanischen Kern. Ein kleines Sträßchen führt von Gunningen nach Durchhausen, dann wird der Lupfen, ein weiterer Ausliegerberg (mit AT), bis Talheim umfahren. Ein kräftiger Anstieg steht vor Öfingen, das auf einem geköpften Talboden hoch über der Baar (im Westen) liegt. Ab Öfingen gibt es zwei Möglichkeiten, die nacheinander beschrieben werden:

a) Kürzere Runde nach Tuttlingen zurück: übers Amtenhausener Tal (Fahrweg) nach Zimmern – Hintschingen – Schönental hoch nach Mauenheim. Oberhalb Mauenheim kann man an einem Spiel- und Grillplatz rasten und u. U. den Blick zu den Alpen genießen. Ab Mauenheim Ri. Hattingen, aber bald li. ab, beim Bf Hattingen über die Bahn, Ri. Möhringen. Dabei Zugang zur Donauversickerung am „Brühl" in wenigen Minuten möglich. Über Möhringen zurück nach Tuttlingen. Rund 55 km, drei Steigungen mit 100 m und mehr Höhenunterschied: Ab Öfingen kann man noch kürzer nach Tuttlingen gelangen über Ippingen auf der Landstraße nach Bachzimmern. Dort wurde in der „Amalienhütte" bis 1878 Eisenerz verhüttet, ein Holzkohlemeiler ist O' des

Orts nahe der Straße erhalten. Ab Immendingen (eines der Schlösser dient heute als Verwaltungsbau) kann man bei trockenem Wetter den Wanderweg (siehe Tour 2) entlang der Donauversickerung benutzen und trifft am Brühl auf die oben genannte Route. Rund 50 km, 2 Steigungen.

b) Eine Runde, die wohl eine Übernachtung erfordert, dafür zu fast allen Besonderheiten des Gebiets führt, zweigt in Öfingen nach SW ab. Ober- und Unterbaldingen, re. ab zum Jägerhaus – NSG Unterhölzer, aus dem Wald hinaus ein Stück parallel zur B 31, bis unter den Westfuß des Wartenbergs. Dieser am weitesten NW gelegene Hegauvulkan (Basalt in Braunjura) kann in kurzer Zeit erstiegen werden. Basalt findet man an der Ruine anstehend und vermauert. Danach kann die B 31 unterquert werden, auf Feldwegen durch die Donauwiesen nach Neudingen. S' aus dem Ort nach Fürstenberg. Der Ort wurde erst nach 1841 dort erbaut, nachdem der alte Ort um die Burg auf dem nahegelegenen Fürstenberg nach einem Großbrand eingeäschert worden war. Vorläufer der mittelalterlichen Burg waren eine keltische Fliehburg und eine römische Wehranlage. Heute finden sich auf dem Ausliegerberg außer Fundamenten nur eine Kapelle und eine Panoramatafel. Weiter nach Riedböhringen, re. der B 27 direkt in den Ort, dann Opferdingen – Eschach – Achdorf. Die folgende Strecke ist landschaftlich großartig, aber mit einigen Steigungen gewürzt.

Nach Fützen übers „Wellblechsträßle", dabei den Blick in die Wutachflühen nicht auslassen (!), kurz auf der B 314 Ri. Randen, doch bald li. ab hoch nach Zollhaus bei Blumberg. Übers Aitrachtal läuft es leicht abwärts, fast von allein, ehe man nach Leipferdingen abzweigt. Nach dem Ort steil hinauf und wieder steil hinunter nach Stetten, im Ort li. erst steil, dann sanft zum Hegaublick (Kreuzung B 31/33 mit unserer Landstraße). Einige Bänke und Gasthäuser kommen wohl genau zur rechten Zeit. Nach Mauenheim führt eine rasante Abfahrt unter der Autobahn 81 hindurch; ab Bf Hattingen ist dann die Strecke wieder bekannt. Wer jetzt eine weitere Steigung nicht scheut, kann auch über Hattingen zum Witthoh hinauf radeln und von dort über eine kleine Straße (an Wochenenden nur nichtmotorisierte Fahrzeuge zugelassen) Tuttlingen erreichen. Am Schluß steht eine 15%-Abfahrt.

Die gesamte Route ist gut 100 km lang und erfordert bergtaugliche Räder – und Radler/innen. Wanderschuhe für verschiedene Abstecher, zum Beispiel auch zur Wutachschlucht ab Achdorf, sind angebracht.

Anschluß (Verknüpfung) ans nächste Gebiet, Großer Heuberg, Donautal: vom Witthoh-Kamm an den Pestkreuzen (im 17. Jh. als Warnung an Fremde errichtet, den Ort wegen der Seuche zu meiden) vorbei nach Emmingen, weiter nach Liptingen, dort kurz li. die Tuttlinger Straße und vorm Ortsende re. auf Wirtschaftsweg nach Neuhausen ob Eck, parallel B 311 in den Ort, li. Ri. Fridingen. N' Neuhausen entsteht derzeit eines der regionalen Freilichtmuseen. Einige Bauernhäuser der weiteren Umgebung stehen schon, Eröffnung des Museums wahrscheinlich 1988/89. Ab Fridingen dann übers Donautal weiter abwärts oder übers Bäratal Ri. Nusplingen – Balingen.

Tour 4

Gebiet ②
Großer Heuberg, Hart, oberes Donautal bis zur Lauchert

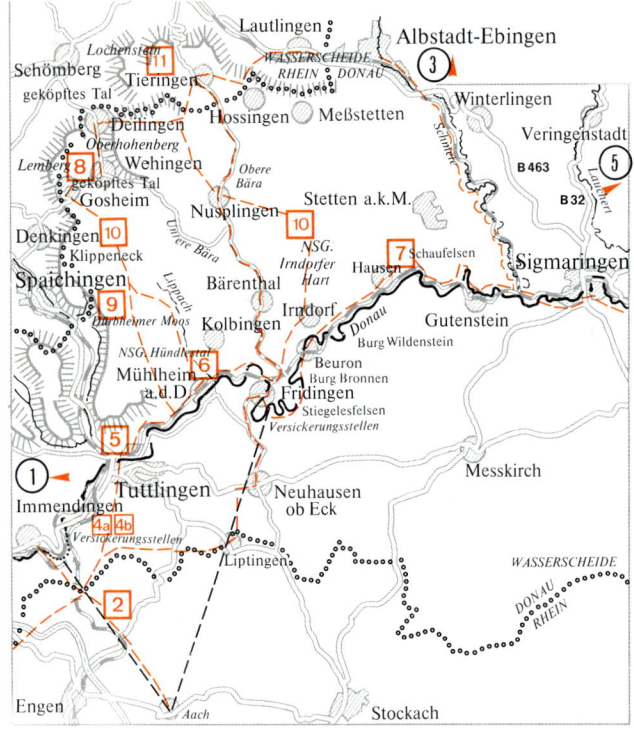

Abb. 20

Zwei Superlative zeichnen diesen Teil der Alb aus: die höchsten Berge der Alb und der Donaudurchbruch von Tuttlingen bis Sigmaringen. Fast die gesamte Region liegt im Naturpark Obere Donau, der aber im Osten weiter reicht. Nach Westen ist das Gebiet begrenzt durch die Flüsse Prim (zum Neckar) und Faulenbach, nach Osten durch Schmiecha/Schmeie und Lauchert. Zwischen Prim und Faulenbach gibt es nur eine schwach ausgeprägte Talwasserscheide, die durch (nach)eiszeitliche Schuttmassen überdeckt wurde (bei Dürbheim). Der verkürzte Faulenbach konnte den Schutt nicht mehr abräumen, so kam es zur Bildung des Dürbheimer Mooses. Im Süden des Gebiets hat sich im Verlauf des Quartärs die Donau durch die Albtafel gearbeitet, als Ergebnis entstand das obere Donautal mit bis zu 150 m hohen, zum Teil senkrechten Felswänden. Von zahlreichen dieser meist aus Massenkalk bestehenden Felsstotzen sind erstklassige Tief- und Überblicke möglich. Im Norden wurde die Grenze zu den Balinger Bergen aus praktischen Gründen auf die oberste Schlichem bis Tieringen gelegt. So ragen in beiden Gebieten Berge über die 1000-Meter-Marke. Durch das geköpfte Tal der Unteren Bära vom Großen Heuberg bereits getrennt sind die höchsten Albberge: Lemberg mit 1015 m und Oberhohenberg mit 1011 m.

Es ist zwar nicht eindeutig geklärt, aber folgende Anzeichen werden als Hinweise für eine Vergletscherung des Großen Heubergs in der letzten Eiszeit (Würm) angesehen: Große Flächen liegen über 900 m, im Bereich der damaligen Schneegrenze; manche Mulden am Trauf, wie „Kehlen" SO' Gosheim und um die Primquelle könnten von kleinen Gletscherzungen stammen. Diese hätten dann von den Firnfeldern zwischen Dreifaltigkeitsberg, Klippeneck und Böttingen herabgereicht. Breite Trockentäler, z.B. das Längenloch und das Grauental bei Böttingen, werden als Schmelzwassertäler vom Rande der Vergletscherung weg gedeutet. Desgleichen – unabhängig von einer echten Vergletscherung – floß im Ursental einst viel mehr Wasser als heute, wie der ausgeprägte Schwemmkegel bei der Einmündung in das Donautal zeigt.

Für die vorletzte Eiszeit (Riß) nehmen einzelne Forscher eine weit umfangreichere Vergletscherung der Südwestalb an. Deren Spuren sind jedoch schwach und uneindeutig. Sicher hat jedoch der rißeiszeitliche Rheingletscher von den Alpen über Oberschwaben und den Hegau auf einen Streifen der Alb bei Sigmaringen – Bingen – Riedlingen gereicht. Ein Überbleibsel davon ist der erratische Block, ein vom Eis transportierter großer Fels W' Sigmaringen beim Nonnenhof.

Im Kapitel „Landschaft" wurde bereits auf die Flußgeschichte der Donau eingegangen. Alte, d.h. pliozäne Donauschotter kommen weit über dem heutigen Donautal in rd. 850 m Höhe N' Tuttlingen vor. Bei ihrer Eintiefung seither – parallel zur Hebung und Kippung der Albtafel – „glitt" die Donau so lange nach Süden ab, bis das anfangs flache Muldental zu tief wurde, um es leicht zu verlegen. Zahlreiche verlassene Schleifen stammen von daher, z.T. erkennt man die alten Talböden nur noch schlecht. Umlaufberge blieben stehen, in den alten Flußbetten bildeten sich manchmal Sümpfe, zum Teil sogar Braunkohle. Der Honberg bei Tuttlingen, Ettenberg bei Mühlheim, Falkenstein – Mittelberg bei Thiergarten sind einige solcher Stellen. Größere Donauverlegungen während der Rißeiszeit im Gebiet Ehingen – Blaubeuren – Ulm werden dort beschrieben.

Nennenswerte Zuflüsse der Donau kommen zwischen Tuttlingen und Sigmaringen nur von Norden: Faulenbach/Elta, Lipbach, Bära, Schmeie, Lauchert haben weitere Wege und entwässern die Hochalb. Ihre Einzugsgebiete liegen alle im Karstgebirge, starke Schwankungen der Wasserführung sind die Folge. Daneben gibt es kurze Bäche, die zeitweise starken Karstquellen am Rande des Donautals entspringen: z. B. der Kesselbach bei Nendingen, der Wulfbach oberhalb Alt-Mühlheim, ein namenloser Bach bei Unterneidingen. Außer bei Immendingen (Gebiet 1, Tour 2) versickert Donauwasser auch zwischen Fridingen und Beuron. Die geologische Situation ist ähnlich, das Wasser kommt nach rund 8 Tagen, 145 m Gefälle und 18,5 km Luftlinie ebenfalls im Aachtopf wieder zum Vorschein.

Auch im Kapitel „Landschaft" wurden verschiedene „Schüsseln" erwähnt, in denen Reste der Zementmergel (= oberste bei uns erhaltene Jura-Schicht) in Vertiefungen zwischen Riff-(Massen-)Kalken lagern. Ein besonders schönes Beispiel ist die fast ausgeräumte Mulde beim Hof Bronnen unterm gleichnamigen Schloß. Man sieht vom Knopfmacherfelsen gut dorthin.

Botanisch bietet der Große Heuberg einige Besonderheiten: Im zeitigen Frühjahr lockt die Märzenbecher-Blüte oft Tausende ins NSG Hinteles-(Hündles-)tal, eine kurze, steile Felsenschlucht mit entsprechender Waldgesellschaft (Tour 6).

Das ganze Jahr über sind die Holzwiesen im Irndorfer Hart ein schönes Ziel, ebenso die ausgedehnte Wacholderheide auf dem Kraftstein (beide NSG, siehe Tour 10). Das zeitweilige Hochwasser der Donau versorgt ihre Altwasserarme stets mit genügend Wasser, so konnte manches wertvolle Feuchtgebiet entstehen: der Wulfbach bei Mühlheim durchfließt einen alten Donauarm, im Wald oberhalb, unter dem „Gelben Felsen" nistet eine Reiherkolonie, deren Mitglieder auch in dem naturnahen Lipbachtal und Teilen des Bäratals jagen.

Das ruhigste Stück des Donautals zwischen Fridingen und Beuron ist ebenfalls von Wasservögeln bevölkert, außerdem liegt dort das NSG Stiegelesfels, in dessen Wänden Felsenbrüter Platz finden. Weitere Feuchtgebiete sind das Dürbheimer Moos, aus dem der Faulenbach entspringt, und der Zusammenfluß von Unterer und Oberer Bära S' Nusplingen. Dort wird im Wasserwerk Hammer, der Zentrale der Albwasserversorgung für die Südwestalb, Wasser aus dem Donaugebiet verarbeitet.

In den Mischwäldern besonders am W- und N-Hang des Großen Heubergs stehen, soweit nicht zu stark durch Aufforstung verdrängt, neben den häufigen Buchen etliche Weißtannen. Dies sind Anklänge an die Schwarzwald-Flora. Daß viele der Bäume krank sind, zeigt genaueres Hinschauen, z. B. vom Lemberg oder Plettenberg, am besten mit einem Fernglas.

Heimatmuseum Tuttlingen und geologischer Lehrpfad

Das Museum ist i. d. R. Mi und So 14–17 h geöffnet. Es bietet in der erdgeschichtlichen Abteilung eine Gesteinssammlung, Fossilien und einen Überblick über die Landschafts-Entwicklung, bezogen auf die regionalen Verhältnisse, besonders die Donau. Auf die Darstellungen des geologischen Lehrpfads wird öfters zurückgegriffen; eine Kombination Museum und Lehrpfad bringt dem Wanderer daher am meisten ein. Ebenso interessant, auch für Naturfreunde, ist die wirtschaftsgeschichtliche Abteilung des Museums: Eisenerzverhüttung im Raum Tuttlingen, u.a. der Bohnerze von Neuhausen ob Eck und Emmingen; Entwicklung der Eisengießerei am Beispiel Hütte Ludwigsthal. Aus zunächst „normaler" Metallverarbeitung entwickelte sich schnell die „Spezialität" des Messerschmiede-Handwerks, aus dem die Herstellung chirurgischer Instrumente erwuchs. In und um Tuttlingen sitzen heute Firmen unterschiedlichster Größe, aber insgesamt von Weltgeltung in dieser Branche. Der geologische Lehrpfad (Zeichen Ammonit) beginnt an der Donaubrücke am nördlichen Rand zur Innenstadt, er umfaßt 15 Tafeln zur Erläuterung der Schichtfolge um Tuttlingen und der Flußgeschichte der Donau mit Erklärung der Schleifen, die heute verlassen sind. Geradeaus die Brückenstraße, re. Berliner Ring, li. Egerstraße, am Ende der Bebauung hoch Ri. Waldrand (Tafel 5, Ausräumung des heutigen Donautals um rd. 50 Höhenmeter seit Verlassen der Schleife um den Honberg). Zur Tafel 6 wird die Straße Tuttlingen – Rußberg gequert; entlang einer Gartenanlage, dann durch den Wald kommt man an den Steinbruch „Eichen". Er zeigt die bankige Schichtung der „Mauerkalke", ihre Verwitterung von oben her und lehmig gefüllte Karstspalten. Viele Werksteine für Tuttlinger Fundamente und Häuser stammen von hier, ebenso die zwei „Katzenköpfe" etwas weiter oben, bei der Tafel 8, wieder im Wald. Es sind Felsen, deren Kalkgehalt oberflächennah durch kohlensaures Wasser gelöst und abtransportiert wurde. Die löchrigen „Gerippe" aus Dolomit ($CaMg[CO_3]_2$) und $MgCO_3$ werden oft dekorativ im Wege- und Gartenbau verwendet. Über die wenig sichtbare Klifflinie (Tafel 9 und 10) kommt man zum Wanderparkplatz „Bergkreuz" (mit Spielplatz), biegt dort nach li. ab zur Tafel 11 (Albhochfläche). Bald trifft man auf den Albnordrandweg (rotes Dreieck), dem man nach li., wieder Ri. Tuttlingen, folgt. Tafel 14 steht an der „Kesselgrube", einer tiefen Doline. Zurück nach Tuttlingen fällt der Weg kräftig; der geologische Pfad benötigt bei rd. 8 km über 2 h Zeit. Da manches ohne Bewuchs besser zu erkennen ist, eignet sich diese Tour auch gut als Winter- bzw. Ski-Wanderung. Man wird dann im Stadtgebiet Tuttlingen die Ski eventuell schultern müssen. Starke Langläufer können ab dem „Bergkreuz" zwischen Hin- und Rückweg des Pfads beliebig viele Loipen-Kilometer einschieben (siehe Tour 9, Rußberg – Risiberg – Dürbheim etc.).

 Beginn des Donaudurchbruchs bei Mühlheim, NSG Hintelestal, Kolbingen, Lipbachtal

Ab Mühlheim an der Donau (Bus 7450 Tuttlingen – Sigmaringen) Stadtmitte („Städtle") durch das obere Tor zum Rathaus, einem Fachwerkbau von 1409, dann das steile „Türlewegle" unter dem Enzbergschen Schloß zur Donaubrücke. Der Hochwassersteg daneben wird recht häufig benötigt. Re. einen Weg in der Donauaue, über den Lipbach nahe seiner Mündung in die Donau (alte Kläranlage), dann einen Pfad von der Donau weg über die Bahn (Drehkreuz). Der Wulfbach, ein kurzer, starker Zufluß, wird bei einer ehemaligen Mühle überquert. Der Bach mündet in die „Alte Donau", eine verlassene Schleife, Kern eines Feuchtbiotops. Die Häusergruppe am Friedhof ist der älteste Teil Mühlheims. Sehenswert sind die Galluskapelle und darin die Fresken im gotischen Chor (Abb. 21).

a) Kleine Runde mit rund 7 km und 2 h (ohne Besichtigungen): Ab Friedhof hoch zur Mühlheimer Felsenhöhle, die an Christi Himmelfahrt geöffnet und beleuchtet wird. Hoch zum Gelben Felsen, von dort guter Blick über das Donautal und auf die Alte Donau direkt unterhalb. Dann wieder li. an der Steilkante entlang Ri. Kolbingen. Nach dem AP Wachtfelsen bald li. steil abwärts über die Burghalde, dem unbezeichneten Pfad folgend, der über die Straße Mühlheim – Kolbingen hinweg zum Wulfbach führt. Der Bach kommt aus einer Höhle, die sich mindestens bis unter die Ortsmitte von Kolbingen erstreckt. Ab der Quelle muß man ein kurzes Stück die Straße benutzen, kann aber bald li. ab auf bekanntem Weg zur Donau und ins „Städtle" zurückkehren. Besonders interessant ist diese Tour wegen der Überblicke und der Flora im Frühjahr; zusätzlichen Reiz zeigen das Donautal, wenn weite Flächen überschwemmt sind, und der Wulfbach z. B. nach der Schneeschmelze.

b) Große Runde: ab Friedhof Mühlheim erst an der Alten Donau etwa

Links:
Abb. 21. Die St. Galluskapelle in Mühlheim an der Donau.

Rechts:
Abb. 22. Unter den Felsen an der Ruine Falkenstein, unten im Donautal die Neumühle (Tour 7).

2 km Ri. Fridingen. Dann zweigt nach NW das Hintelestal ab, in dessen NSG im zeitigen Frühjahr unzählige Märzenbecher blühen. Im oberen Teil zweigt nach re. (gelbe Raute) der Weg zur Kolbinger Höhle ab (geöffnet am Wochenende, März – Oktober). Von der Höhle über die Wasenhalde/Waldlehrpfad nach Kolbingen (gelbes Dreieck). Ab Kolbingen wieder gelber Raute folgen, weiter nach NW, wobei bald der Blick nach Süden, sogar zu den Alpen, frei werden kann. Weiter bis zur ehem. Burg Walterstein hoch über dem Lipbachtal. Dieses erreicht man über die Wolfersteige, wobei man wieder, bis nach Mühlheim zurück, der gelben Raute folgt. Das Lipbachtal ist kaum besiedelt und naturbelassen, am Fluß mit dichter Uferflora jagen Reiher, das schnell fließende Wasser ist fischreich. Nahe bei Mühlheim gibt es einen großen Spielplatz neben dem Flüßchen. Die gesamte Strecke mißt 22 km und benötigt rd. 6 h Zeit.

7 Thiergarten – Schaufelsen – Neidingen – Donautal

Ein Stück des Albsüdrandwegs (rotes Dreieck) soll hier in eine Rundtour eingebaut werden. Er erschließt den Donaudurchbruch von Sigmaringen bis Tuttlingen fast vollständig. Als Bus-/Bahnhalt kommt Thiergarten (7450/755) in Frage. Ab dem Bahnhof geht man ein Stück an der Straße Ri. Sigmaringen, dann li. ab nach dem oben genannten Zeichen.

Der Weg benutzt zunächst eine alte Donauschleife, die um den Mittelberg herumzieht. Über einen Kamm erreicht man die Ruine Falkenstein, von dort wieder hinunter in das ehemalige Donautal, etliche Meter höher als das heutige. Z.T. über Schutt im Wald hoch zu den Schaufelsen. Mit ihren rd. 150 m hohen Wänden sind sie echte „Schau-Stücke" des Donautals. Weiter auf dem Albsüdrandweg: Mühlefels (AP) – Steighöfe (Naturfreundehaus), bis li. ab die felsige Schlucht „Im Fall" nach Neidingen hinunter führt (rote Raute). Über die Donau und am Fluß entlang rd. 6 km zurück nach Thiergarten (roter Dreiblock). Gesamtstrecke: 17 km, 4 bis 5 h.

Gosheim – Lemberg – Wunderfichte

Ab Gosheim (Bus 7439, 7443) Stadtmitte nach NW auf den Längenberg, das ist der Ausläufer des geköpften Unteren Bäratals. Dann am Feldrand auf den Lemberg zu, der ab der Straße über seinen Südhang in rd. 20 Minuten erstiegen werden kann. Der Blick vom höchsten der Albberge ist nur durch den über die Baumwipfel ragenden AT möglich. Der Gipfel wird durch Weißjura-beta-Kalke gebildet, also nicht die (höchsten) jüngsten Juraschichten. Die Mergel unter den beta-Kalken stauen Wasser, was man auf dem Weg hinunter zur „Wunderfichte" merken kann (rotes Dreieck, dann rote Raute). Unter der wundersamen, zusammengewachsenen Gruppe mächtiger Fichten ist ein schöner Platz zum Rasten. Zurück nach Gosheim über Wege ohne Markierung, dabei fällt der Damm der ehemaligen Heuberg-Bahn auf, die erst 1928 von Spaichingen her gebaut wurde. Auf der Trasse dieser Bahn wird über weite Strecken ein Rad- und Wanderweg geführt (blaues Dreieck), der den Anschluß von Gosheim über Denkingen nach Spaichingen ins Nachbargebiet gewährleistet.

Skiwanderungen auf dem Großen Heuberg

Eine Möglichkeit wurde bereits bei Tour 5 angedeutet. Wie umfangreich das Loipennetz besonders zwischen Rußberg, Dreifaltigkeitsberg, Klippeneck und Bubsheim bis Kolbingen ist, läßt der Blick auf eine topographische Karte schon ahnen. Nehmen Sie aber einen guten Windschutz mit und unter Umständen einen Kompaß, denn bei Wind können die Spuren in wenigen Stunden verweht sein. Ohne weitere Einzelheiten hier nur einige Startorte für mehrstündige bis -tägige Loipenrunden: Mahlstetten, Böttingen, Wanderparkplatz „Wenzenhart" N' Dürbheim, Klippeneck, Steighaus S' Wehingen u.v.m.

Abb. 23. Auf dem Großen Heuberg sind weite Skiwanderungen möglich. Von der Heubergkapelle bei Böttingen hat man einen hervorragenden Rundblick.

10 Radrunden auf dem Heuberg mit Anschluß in alle Nachbargebiete

Ab Tuttlingen (am Bf Fahrradverleih) ist der Weg ins Donautal ausgeschildert. So kommt man ohne viel Straßenverkehr nach Nendingen – Stetten – Mühlheim-Vorstadt und -Altstadt (Galluskapelle) – Fridingen (Stadtkern, Naturtheater). Die Rundtour führt auf der Landstraße hoch zum AP „Knopfmacherfelsen" (Blick nach Beuron und zum Jägerhaus unterm Schloß Bronnen). Eine schöne Allee sind die nächsten 2 km, wo sich der Weiterweg entscheidet: nach Beuron hinunter (ab Fridingen meist re. der Donau auch direkt im Tal) und weiter bis nach Sigmaringen kommt man ohne größere Steigungen. Der Weg durchs Donautal kann Verkehrsdichte, Wetter und Fahrrad angepaßt werden, d. h. Landstraße, wenn die auf der Karte grün verzeichneten Rad-Vorschläge zu schattig-feucht oder zu grob geschottert sind. Ab Bahnhof Inzigkofen ist trotz einer kräftigen Steigung hoch zum ehem. Kloster, jetzt Volkshochschulheim, der Vorschlag auf der Karte sehr viel besser als die Landstraße bis Sigmaringen. Immer auf der Südseite der Donau kommt man beim Freibad in die ehemalige hohenzollerische Residenzstadt. Sie wird vom Schloß beherrscht, das direkt auf einem Felsen über der Donau steht. Anschluß ins Gebiet 5, Zwiefalter Alb, kann südlich der Donau über Sigmaringendorf, ab dort nach Norden – Laucherthal – Bingen – Egelfingen – Inneringen – Feldhausen hergestellt werden.

Zurück zur Heuberg-Runde: ab der Straßenkreuzung W' Beuron nach Irndorf, durch den Ort zum NSG Irndorfer Hart. Die Wege durch diese Holzwiesen – ein Überbleibsel aus der Zeit, als der Wald neben Holz auch noch Futter liefern mußte – sind zum Schieben gedacht. So kann man auch in Ruhe die reichhaltige, seltene Flora genießen. Einige Dolinen, von Bäumen umstanden, erhöhen den Reiz des Irndorfer Hart. Weiter geht es auf Wirtschaftswegen und kleinen Straßen über Harthöfe nach Nusplingen. Der zentrale Ort des Bäratals war im Mittelalter eine Stadt, verlor nach mehreren Bränden aber an Bedeutung. Ab hier kann man auf der zeitweise stärker befahrenen Landstraße im Bäratal direkt nach Fridingen zurückkehren. Schöner ist die Runde hoch nach Obernheim, dabei ein langer Anstieg im Wald, dann Tanneck – Deilingen – Wehingen – Steighaus – Böttingen. Südlich Böttingen sollte ein kurzer Abstecher auf den „Alten Berg" zur Heubergkapelle nicht ausgelassen werden (Rundblick). Über Mahlstetten und das Lipbachtal nach Mühlheim kann zügig gefahren werden; oder man wählt ab Mahlstetten den etwas beschaulicheren Weg durch die große Wacholderheide des Kraftstein (NSG, Wiesenwege, event. schieben) hinunter nach Stetten. Rückkehr nach Fridingen oder Tuttlingen durch das Donautal.

Diese große Runde ab Tuttlingen über Nusplingen – Obernheim mißt rd. 85 km und weist neben einigen kleineren 3 Steigungen von rd. 200 m Höhenunterschied auf. Anschluß zu den Balinger Bergen erfolgt am besten von Nusplingen über das Obere Bäratal und den Lochenpaß nach Balingen oder über Michelfeld hinunter nach Lautlingen.

Gebiet ③
Hohenzollernalb und Balinger Berge

Dieses Gebiet läßt sich in etwa so eingrenzen: im Süden die oberste Schlichem, dann eine Linie von Tieringen auf Albstadt-Ebingen zu; im Norden das Steinlachtal bis Talheim, dann über Melchingen ins Lauchertal und im Osten dieses Tal abwärts bis zur Donau. Die Zollernalb ist nur ein Teil des ehemaligen, unregelmäßig geformten Staates

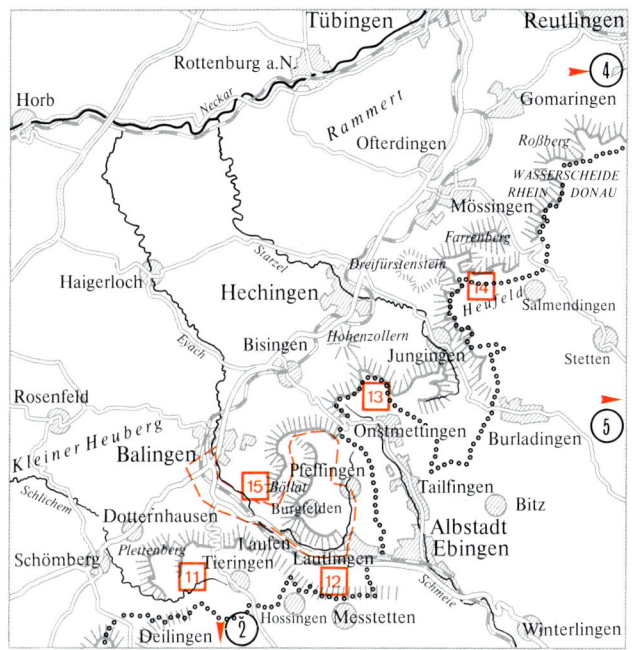

Abb. 24.

Hohenzollern. Der Hohenzollern, ein berühmter Ausliegerberg, ist ein Wahrzeichen des Gebiets, ja, der ganzen Alb. Seine vom Trauf abgesetzte Lage und die romantische, Mitte des 19. Jh. nachgebaute Burg, Stammsitz des letzten deutschen Kaiserhauses, geben ihm ein unverwechselbares Aussehen. Eine weitere auffällige Berggestalt ist der Lochenstein S' Balingen. Seine senkrechte Nordwand und ein weithin sichtbares Gipfelkreuz verleihen ihm, wie anderen Bergen der Umgegend, alpinen Charakter. Dazu tragen zerrissene, verbogene Schichten wie am Lochenhörnle, Gräbelesberg und an der Schalksburg, große Schutthalden und der örtlich urwaldähnliche Traufwald bei.

Erdrutsche und Felsstürze scheinen auf der Zollernalb etwas gehäuft aufzutreten. Mehrere Gründe können dafür angeführt werden:
– Die Berge am Trauf reichen bis auf 1000 m Höhe, die Höhenunterschiede zum Vorland und damit die „Reliefenergie" sind größer als woanders; es fallen etwas mehr Niederschläge.
– Seit 1911 gibt es eine erhebliche Erdbebentätigkeit um Albstadt. Kräftige Beben können außer Gebäudeschäden bis zum Totalschaden auch eine Lockerung des Gesteinsverbandes verursachen. Kommen längere Niederschlagsperioden hinzu, dann können sich die in recht geringer Tiefe unter den Trauffelsen lagernden Weißjura-alpha-Mergel zu aus-

Gebiet ③

Abb. 25. Am Hangenden Stein klafft eine tiefe und breite Spalte – Zeichen der Ablösung ganzer Felspartien am Albtrauf.

gezeichneten Gleitbahnen für den nächsten Felssturz entwickeln. Am Südwestrand des Gebiets bei Ratshausen konnte so vor nicht allzulanger Zeit ein Rutsch sogar zur Bedrohung für diesen Ort werden. Die meisten Stellen bisher liegen aber in Waldgebieten unterm Trauf wie der Hangende Stein oder der Rutsch am N-Hang des Hirschkopfs vom April 1983. Beim Rutsch S' des Heiligenkopfs, der im Frühjahr 1980 die Straße Onstmettingen – Thanheim zerstörte, war eine direkte Bedrohung von Menschen nicht gegeben.
Anders ist dies bei den Erdbeben des Gebiets. Nachdem jahrhundertelang überhaupt nichts darauf hingedeutet hatte, begann mit einem Schlag ab 1911 die derzeit aktivste und gefährlichste mitteleuropäische Erdbebentätigkeit. Es folgten mit z. T. jahrelangen Abständen ähnliche Ereignisse bis zum vorläufig letzten großen Alb-Beben am 3. September 1978. Zum Glück und durch Zufall entstand immer nur hoher Sachschaden. Nach dem Beben von 1943 wurden die Bauvorschriften hier erheblich verschärft, dennoch mußten etliche Gebäude nach dem Beben von 1978 als Totalschaden gewertet werden. Alle Erdbebenherde (das ist der enge Bereich in der Erdkruste, innerhalb dessen sich die größten Verschiebungen abspielen) reihen sich entlang einer Linie, die bei Albstadt-Tailfingen nach Nordnordosten zieht. Die Herdtiefen betragen 3 bis 10 km, die Schüttergebiete erstrecken sich keulenförmig vor allem nach Nordnordosten und Südsüdwesten. Erst nahm man an, der Hohenzollerngraben, eine alte Bruchstruktur vom Lauchertal bis über den Hohenzollern nach NW, sei nach wie vor in Bewegung. Vor wenigen Jahren ergab aber eine genaue Untersuchung der Erdbebenherd-Mechanismen, daß sich an diesem Graben nichts mehr bewegt. Vielmehr läuft die Aktivität entlang einer Bruchzone tief in der Kruste, fast senkrecht zur Richtung des Zollerngrabens. Die Richtung dieses Bruchs liegt parallel zum Oberrheingraben und paßt genau in das großräumige europäische Spannungsmuster.

Wie bereits erwähnt, ist der Anteil der Nadelhölzer im Traufwald der Balinger Berge und der Zollernalb hoch. Die Nähe zum Schwarzwald und die klimatischen Verhältnisse spielen hier eine Rolle. An vielen Steilhängen hat es der Wald nicht leicht, sich auf rutschendem Untergrund oder Schutthalden zu halten. Die Pioniervegetation auf solch unsicherem Standort ist gut z. B. im NSG „Untereck" östlich des Lochenhörnles (Tour 11) oder unterm „Hangenden Stein" (Tour 13) zu beobachten. Am Untereck fallen auch die klaren Unterschiede zwischen bewirtschaftetem Nutzwald und dem seit rd. 50 Jahren sich selbst überlassenen Bannwald auf. Am Lochenhörnle leben Gemsen, die vor rund 50 Jahren dort ausgesetzt wurden. Sie gediehen offenbar so gut, daß Mitglieder des Rudels bis ins obere Donautal gezogen sind.

Begünstigt durch die leicht zu überwindenden Wasserscheiden Eyach/Schmiecha bei Albstadt-Ebingen und Starzel/Fehla bei Burladingen sind diese beiden Talzüge seit langer Zeit bevorzugte Albübergänge. Eine Einschränkung gilt jedoch für das untere Schmiecha-/Schmeietal: Es ist so eng gewunden, daß bis heute zwischen Starzingen und Kaiseringen nur die eingleisige Bahn und ein Wanderweg führen. Parallel dazu läuft die historische Verbindung der „Hochstraße" zwischen Winterlingen und Sigmaringen über die Hochalb. Erst seit wenigen Jahren wird diese alte Römerstraße von der neuen B 463 wieder genutzt.

Im letzten Jahrhundert haben auch Orte wie Winterlingen oder Burladingen von der verkehrsgünstigen Lage profitiert. Industrie konnte sich hier gut ansiedeln; bis heute ist die Textilbranche in der ganzen Region stark vorherrschend. Auch viele Kleinbetriebe als Zulieferer größerer Fabriken produzieren in den über die Hochalb verstreuten Orten. Firmen anderer Branchen sind inzwischen in zunehmendem Maße vertreten.

Rund um den Lochen

Ausgangspunkt ist der Lochenpaß, rund 900 m hoch, an dem eine Jugendherberge liegt. Die kleine Tour über den Lochenstein mit seinem Gipfelkreuz über steiler Nordwand zum Schafberg eignet sich gut als Einstieg für die Balinger Berge. Ab dem Paß zunächst auf einer Allee eben nach Westen (rotes Dreieck), dann leicht ansteigend über eine Wacholderheide zum Sattel am Wenzelstein (Burgruine). Gleich in welcher Richtung man den Schafberg überquert, vom Hohen Fels und vom Gespaltenen Fels hat man eine ausgezeichnete Aussicht und erreicht genau 1000 m Höhe. Mit Genuß ergibt sich eine rund zweistündige Wanderung über den Lochenstein zum Paß zurück. Wer noch mehr urwüchsige Landschaft genießen will, hält sich am Paß scharf nach li. abwärts und geht ab der zweiten Straßenserpentine von oben einen Weg in den Wald hinein. Er führt unter den Felsen entlang des Hörnle in den

Abb. 26. Vom Lochenstein sieht man tief hinunter nach Balingen und über den Kleinen Heuberg zum Schwarzwald.

Bannwald des NSG Untereck. Bei der zweiten, südlicheren Möglichkeit steige man wieder hinauf zum Trauf. Der schnelle Übergang vom schattigen Fast-Urwald zu den lichten Wiesen des NSG Hülenbuch ist kraß. Weiter an der Kante (rotes Dreieck, Albnordrandweg), bietet sich an mehreren Stellen der eindrucksvolle Tiefblick in die zuvor durchquerten Abstürze und den Bannwald. Der zweite Teil der Wanderung (auch zurück zum Paß) ist gut 11 km lang und erfordert mindestens 3 h Zeit.

12 Gebirgstour beiderseits des Eyachtals (evtl. in 2 Tagen)

Albstadt-Lautlingen (Bahn 766) ist der Sitz der Familie von Stauffenberg, deren Graf Claus durch das mißglückte Attentat auf Hitler am 20. Juli 1944 tragisch berühmt wurde. Im Schloß der Familie ist auch ein Musikhistorisches Museum untergebracht. Ab Lautlingen führt ein Weg (rote Raute) sanft am Hang aufwärts in Richtung Hossingen. Entlang von Weiden, an deren Rand örtlich üppige Silberdisteln wachsen, geht es in den Wald. Die Szenerie wird wilder und gipfelt in der Hossinger Leiter.

Über diesen Felsabsturz, der heute bequem überwunden wird, mußten die Hossinger Arbeiter(bauern) früher täglich zu Fuß zur Arbeit. Wie beschwerlich und auch gefährlich dies bei Eis, Schnee und rutschigem Pfad war, kann sich hier jeder selbst ausmalen.

Gleich nach der Leiter kann man re. ab zum Gräbelesberg, einem ins Eyachtal vorspringenden Berg, der sich für die Anlage einer Fliehburg geradezu anbot. Reste von Befestigungen seit der Keltenzeit bis ins Mittelalter sind erhalten. Hinunter nach Laufen, auf der anderen Seite wieder hoch, immer nach der roten Raute; so überwindet man einen Höhenunterschied von knapp 600 m seit Anfang der Tour. Felsenmeer, Schalksburg mit AT, Burgfelden mit einer uralten Kirche (Fresken aus dem 11. Jh.), Böllat heißen die Stationen dieser abwechslungsreichen Wanderung. Hinunter nach Laufen oder Lautlingen sind es insgesamt über 25 km Weg mit zwei langen Anstiegen, wohl mehr als ein Tagesprogramm, wenn man beide kulturellen Punkte ausgiebig besichtigen will. Eine Streckentour läßt sich leicht machen, wenn man dem Albnordrandweg folgt, der über Zitterhof, Stich, Heiligenkopf (O' davon der Schmiecha-Ursprung, der demnächst in ein Moor zurückverwandelt werden soll) zum Raichberg führt. Dort dann Anschluß an die nächste Tour oder Abstieg unterm Zollern nach Hechingen.

13 Raichberg, Hangender Stein Backofenfelsen

Diese Runde kann beliebig in Onstmettingen (Bahn 767, Bus 7611) oder an einem der zahlreichen Parkplätze begonnen werden. Durch die Übernachtungsmöglichkeit im Nägelehaus auf dem Raichberg kann man auch mit Kindern ein ganzes „naturkundliches Wochenende" dort oben verbringen. Der Hangende Stein ist eine mächtige Felspartie, die auf der mergeligen Unterlage irgendwann weiterrutschen wird. Es klaffen Spalten von 1 bis 2 m Breite und bis rd. 15 m Tiefe unweit des Traufs. Daß hier überall Felssturz-Gelände ist, erkennt man unterhalb am Wirrwarr von Blöcken, die aber bereits gut zugewachsen sind. Stellen die Spalten hier den Beginn eines Bergsturzes dar, dann kann man wenige km weiter südlich unterm Heiligenkopf (1980, Abb. 6) oder weiter im NO unterm Hirschkopf (1983) Ergebnisse junger Bergstürze betrachten. Von vielen Punkten um den Raichberg bieten sich ausgezeichnete Blicke auf den Hohenzollern. Dieser Ausliegerberg hat sich unter anderem deshalb erhalten können, weil seine Schichten im Zollerngraben gegenüber der Umgebung um etliche Meter abgesunken sind. Dadurch kamen widerstandsfähigere Kalksteine in eine schützende Gipfellage.

Im Winter werden um den Raichberg bis hinüber bei Bitz über 30 km Loipen gespurt. Es sind damit genügend Möglichkeiten gegeben, sich „auszutoben". Auch andernorts gibt es auf der Zollernalb viele Loipen und oft halbmeterhohen Schnee.

Abb. 27. Das Lochenhörnle über den Obstbaumbeständen um Weilstetten.

14 Skiwanderung ab Salmendingen um den Kornbühl zum Dreifürstenstein

Ausgangspunkt der Salmendinger (Bus 7607, 7635) Loipe mit 13 km sind die Parkplätze am Lift bzw. unter der Kapelle südwestlich des Orts. Das Gelände ist sanft gewellt, die Loipe leicht zu laufen. Dafür muß auf den offenen Flächen bei Wind mit verwehten Spuren gerechnet werden.

Abstecher zum Dreifürstenstein und Hirschkopf bedeuten rund 5 km mehr und sind nicht gespurt, sondern Wanderwege. Am Trauf des Hirschkopfs Vorsicht, Rutschgelände! Macht man diese Wanderung zu einer anderen Jahreszeit, sollte man nicht versäumen, auf den Kornbühl mit seiner Wallfahrtskapelle aus dem 16. Jh. zu steigen. Vor allem der Blick auf das „Muster" verschiedener Felder lohnt den Anstieg.

15 Radrunde zum „Klettern" ab Balingen

Vom Bf Balingen (766) durch die Stadt erst auf der Hauptstraße, der B 463. Am südlichen Ende des Stadtkerns liegt li. an der Eyach das Zollernschloß, Sitz des Heimat- und Waagenmuseums. Ab hier gibt es neben der Bundesstraße bis zum Abzweig der Straße nach Frommern einen Radweg. In Frommern biegt man an der zweiten Brücke über die Eyach li. ab und folgt der Radler-Markierung auf der Nebenstraße. Sehr bucklige, aber schöne Strecken durch die Streuobstwiesen führen nach Stockenhausen. Ab dort wieder auf der Landstraße nach Zillhausen. Der hohe Wasserfall dort (über Unterjurabänke) ist besonders im Herbst wegen einer Ableitung nur ein Rinnsal. Ab Zillhausen beginnt die Klettertour, über Streichen hinauf zum Irrenberg. Spätestens ein Wegstück oberhalb des vom Schwäbischen Heimatbund gepflegten NSG unterm Irrenberg wird die meisten zum Schieben zwingen. Der Lohn folgt in Form einer mühelosen Fahrt zum Zitterhof und dann die Straße hinunter nach Pfeffingen – Margrethausen – Lautlingen (Musikhistorisches Museum). Aus dem Ort führt ein Radweg neben der B 463, dann ein Wirtschaftsweg bis unter der Bahn hinweg, gleich re., an einer „Schikane" über den Lauterbach zum Ghs. Brunnental, weiter nach Laufen. Am Haltepunkt überquert man die Bahn und kommt (weiter markiert) an der „Säge" vorbei durch Weilstetten und Endingen zurück nach Balingen. Rund 45 km reichen wahrscheinlich aus, einen Tag zu füllen. Wer mehr gewohnt ist oder mehrere Tage unterwegs sein will, kann ab Balingen in umgekehrter Richtung das Eyachtal hinauf Albstadt-Ebingen erreichen. Die Städtische Galerie besitzt eine Sammlung von Gemälden aus verschiedenen künstlerischen Epochen, die sich mit der Schwäbischen Alb befassen. Von Ebingen führt der Weg das Schmeietal abwärts Richtung Donautal. Es gibt darin nur ein kurzes, schmales Wegstück, auf dem weniger geübte Radler sich unsicher fühlen könnten (parallel der Bahn, gelbes Dreieck, Wanderweg Storzingen – Kaiseringen).

Der Anschluß nach Süden ins Bäratal bedeutet in jedem Fall einen steilen Anstieg: ab Weilstetten über die 6 Serpentinen der stärker befahrenen Lochenpaß-Straße, ab Laufen mit einem kurzen 20%-Stück hoch nach Tieringen oder Michelfeld. Nach Nordosten bietet sich die Strecke Zitterhof – Onstmettingen – Hausen – Killer – Ringingen – Melchingen als Anschluß zur Reutlinger Alb an.

Gebiet ④
Reutlinger, Uracher, Neuffener Alb

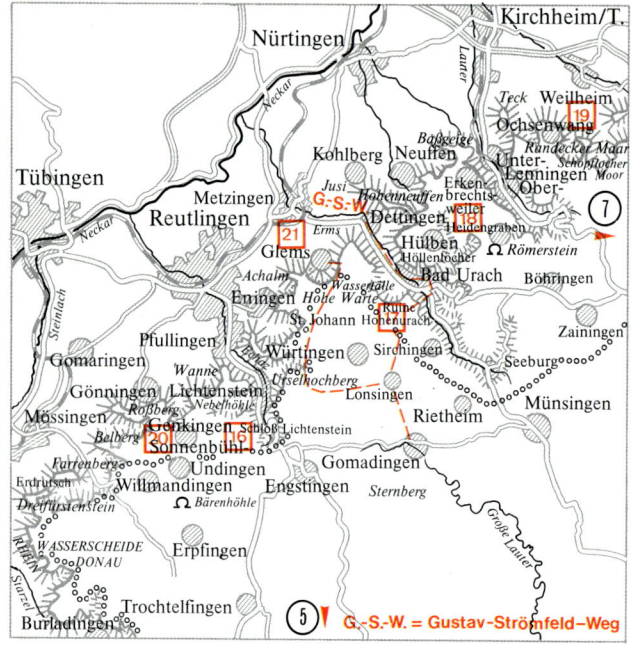

Abb. 28.

„Wo die Alb am schönsten ist" – nicht nur örtliche Verkehrsämter verwenden dieses Prädikat gerne und zum großen Teil berechtigt. Bestimmt weisen alle anderen Gebiete, die am Albtrauf liegen, ähnliche oder noch großartigere Traufwälder, Felsen, Schluchten und Aussichtspunkte auf. Die Vielzahl an Besonderheiten natürlicher und kultureller Art dürfte aber woanders kaum so dicht anzutreffen sein. Der Einfachheit halber seien die Glanzpunkte aufgeführt, wie sie nacheinander entstanden sind.
Eine tektonische Tieflage der Gesteinsschichten um Urach (Uracher Mulde) hat mit verursacht, daß die Erms und ihre Nebenflüsse besonders weit von Norden her in die Albtafel eindringen konnten. Auch Echaz und Lenninger Lauter reichen weit vom Trauf weg nach Süden,

ebenso im Nachbargebiet die obere Fils mit ihren Zuflüssen. Um Urach und Geislingen haben sich regelrechte „Talspinnen" entwickeln können. Wir können uns am zerstörenden Werk der Flüsse heute erfreuen, bieten uns die tief eingeschnittenen, zerlappten, von Felsen begleiteten Täler doch herrliche Plätze bis in die hintersten Winkel, z. B. den Echaztobel, die Wasserfälle bei Bad Urach, die Große Schrecke bei Schlattstall, den Wielandfels bei Krebsstein und andere mehr.

Wahrscheinlich etwas früher als die Einsenkung der Schichten oder gleichzeitig als eine Ursache dafür fand im Uracher und Kirchheimer Raum ein kräftiger Vulkanismus statt. Seine Aktivität erstreckte sich über mehrere Millionen Jahre während des Miozän (Tertiär). Magma drang entlang vorhandener Klüfte in der tieferen Erdkruste auf, konnte aber nur in rd. 10% der über 300 bekannten Durchschlagsröhren als feinkörnige, basaltähnliche Lava bis zur Erdoberfläche gefördert werden. Vorherrschend im „Schwäbischen Vulkan" sind daher Schlotbrekzien, die bei Gasexplosionen unter hohem Druck entstanden. Das durchschlagene Deckgebirge wurde gelockert, zerrüttet, es blieben als größter zusammenhängender Verband „Sinkschollen" erhalten, z. B. im großen Vulkan Jusi. Meist jedoch ging die Zertrümmerung weiter, Handstücke des Deckgebirges in Faustgröße liegen in feinkörniger vulkanischer Grundmasse vor. Darin fallen die Weißjurakalke besonders auf. Die Schlotbrekzien, einfacher auch „Tuffe", verwittern auf der Hochalb leichter als die sie umgebenden klüftigen Kalksteine. Sie stauen das Oberflächenwasser, ermöglichen feuchte Senken und Quellen. Die frühen Bewohner der weiteren Uracher Umgebung gründeten daher ihre Dörfer bevorzugt auf oder neben einem Vulkanschlot, legten Hülben und Brunnen an. Die geologische Karte zeigt, daß z. B. Groß- und Kleinengstingen, Ohnastetten, Hülben, Grabenstetten, Donnstetten, Würtingen, Dottingen, Hengen oder Laichingen auf einem Schlot liegen. Im Albvorland und direkt am Trauf haben sich unterschiedliche Relieformen der Vulkane erhalten: kleine Kegel, als Absatz am Steilhang (Calwer Bühl bei Dettingen/Erms, Hörnle unter der Teck), Verlängerung eines Weißjura-Sporns zwischen zwei Tälern (Jusi mit „Basalt" und großer Sinkscholle) oder schön geformte, fast kegelförmige Berge, etwas vom Albtrauf abgesetzt (Limburg, schwächer auch Egelsberg und Dachsbühl bei Weilheim an der Teck). Daneben gibt es viele kleine, über das Gebiet verteilte Schlote und Gänge, die sich wegen ihrer geringen Größe kaum oder nicht auf die Landschaftsform auswirken.

In Verbindung mit der Verkarstung der Oberjura-Kalke kam es an manchen Schloten zu interessanten Erscheinungen. So staut sich z. B. W' des Rutschenfelsens auf Vulkantuff Wasser, tritt am Schlotrand in einer Doline aus einem Brunnen aus, um nach wenigen Metern im aktiven Schluckloch zu versickern. Zum Teil erscheint das Wasser dann wieder im Brühlbach, der über den Uracher Wasserfall hinabstürzt (siehe Tour 17). Als Folge der Verkarstung kam es zu kräftiger Kalk-Neubildung in Form der Sinterkalke, Kalktuffe oder Quellkalke. Die „Hochwiese" am Uracher Wasserfall ist im Laufe von wohl 100 Jahrtausenden aus dieser lockeren, luftreichen Form des Kalksteins aufgebaut worden. Auch das obere Ermstal ist seiner Länge nach durch Sinterkalk-Barrieren getreppt. Im Wiesaztal oberhalb Gönningen wurde lange Zeit Sinterkalk gebrochen, heute dient der Bruch als Freizeitgelände mit Seen. Honau direkt unterhalb der Echazquelle liegt auf bis zu 20 m mächtigem Sinterkalk.

Auch an Höhlen ist die Reutlinger und Uracher Alb reich: so berühmte und vielbesuchte wie die Falkensteiner Höhle, die längste bisher bekannte, die Bärenhöhle bei Erpfingen, die zahlreiche Skelett-Teile von eiszeitlichen Höhlenbären und anderen Säugern barg, die Nebelhöhle oberhalb Pfullingen, die nach Wilhelm Hauff schon dem Herzog Ulrich als Unterschlupf gedient haben soll.

Lange trockene Talabschnitte wie die Fortsetzungen der Großen Lauter nach Westen in Richtung Genkingen oder nach Norden über St. Johann-Würtingen hinaus sind einerseits durch die Verkarstung des Untergrundes bedingt. Andererseits hängen sie mit der allgemeinen Verlegung des Albtraufs zusammen, der, wie eingangs erläutert, zwischen Mössingen und Weilheim/Teck besonders zerlappt ist. Daß die Abtragung weitergeht, zeigen Stellen wie die „Höllenlöcher" beiderseits des Ermstals bei Urach und Dettingen und andere „Erdschliffe" sowie zahlreiche Schutthalden.

Als Nachwirkung des tertiären Vulkanismus wird eine Wärmeanomalie in der Erdkruste um Urach angesehen. Während sonst im Durchschnitt die Temperatur z. B. in Bohrlöchern um 3 °C je 100 m Tiefe zunimmt, sind es hier rd. 8 °C. So konnte am Ende einer seit 1969 laufenden Bohrkampagne direkt bei Urach aus rd. 770 m Tiefe 58 °C warmes Mineralwasser erschlossen werden. Zwar wurde der ursprüngliche Zweck der Bohrung, die Erdwärme in größerem Umfang zu nutzen, nicht erreicht, aber über das Ergebnis, ein Mineral-Thermal-Bad, sind viele Uracher sicher froh. Der Thermalwasser-Gürtel zieht sich weiter nach Nordosten; auch Beuren und im Nachbargebiet Bad Ditzenbach, Bad Boll und Bad Überkingen beziehen ihre Bekanntheit und Teile der Gewerbesteuer aus Bad und Sprudelfabrik. Mit dem Vulkanschlot von Kleinengstingen hängt auch die einzige bisher bekannte Mineralquelle der Alb zusammen.

In der Geschichte der letzten gut 2 Jahrtausende spielte der Reutlinger-Uracher Raum immer wieder eine bedeutende Rolle. Als erstes zu nennen ist der „Heidengraben" (Abb. 29), dessen relativ kurze Befestigungswälle den Zugang zu einer Fläche von knapp 20 km² der „Grabenstetter Halbinsel" wirkungsvoll abriegelten. Verglichen mit anderen bekannten Befestigungen aus keltischer Zeit ist dies eine riesige Fläche. Inzwischen steht ziemlich fest, daß ein Keltenstamm, wohl die Helvetier, hier ab ca. 100 v. Chr. ein „oppidum" (wörtlich „Stadt") bauten. Man darf sich aber nicht die gesamte befestigte Fläche als besiedelt vorstellen. Lediglich W' Grabenstetten zwischen Lauereck, Kaltental und dem langen, geschwungenen Wall gab es nach den bisherigen, eher spärlichen Funden eine ständige Siedlung. Ein maßgeblicher Erforscher des Heidengrabens Anfang dieses Jahrhunderts, Friedrich HERTLEIN, führ-

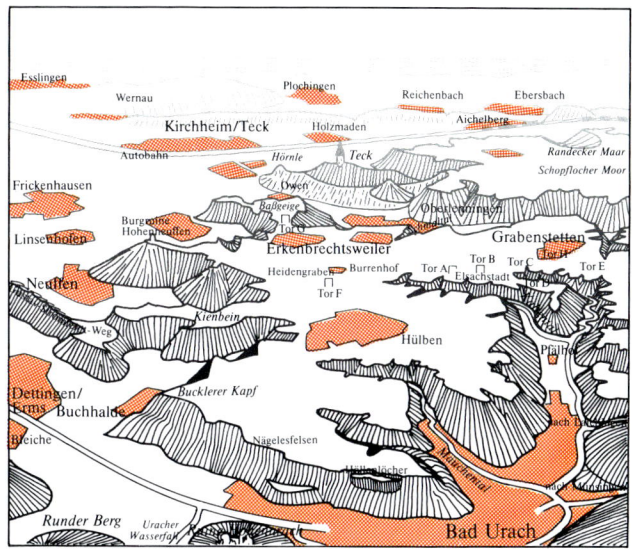

Abb. 29. Schrägaufsicht auf die Vordere Alb. Gut zu erkennen die strategisch geschickte Lage des Heidengrabens.

te für diese rund 1,6 km² Fläche den Namen „Elsachstadt" ein. Ob das gesamte Areal von Häusern/Hütten bestanden war, ist ebenfalls noch ungeklärt. Es steht aber fest, daß die Erbauer des oppidums geschickt die natürlichen Gegebenheiten genutzt haben. S' Grabenstetten fehlen zwischen den tief eingesägten Seitentälern von Erms und Lenninger Lauter nur rund 200 m, um die Halbinsel ganz von der Albtafel abzutrennen.

Wichtigstes Befestigungselement der Siedlung war ein Wall, kunstvoll aus Holzbalken, Steinen und Erde konstruiert. Die Steine wurden aus dem direkten Vorfeld entnommen, wodurch Gräben entstanden. Der harte Felsuntergrund in nur rund 0,5 m Tiefe hat nur flache Gräben zugelassen, die dafür breiter als sonst ausfielen. An den meisten Stellen der Halbinsel bietet der steile, sicher auch damals bewaldete Trauf den notwendigen Schutz. „Zangentore", das sind lange Gassen, die auf einen engen Durchlaß führen, waren die einzige Möglichkeit, die Wälle zu überwinden. Ein Tor wurde rekonstruiert. Ob die Befestigung je ernsthaft benötigt wurde, konnte noch nicht geklärt werden. Die Funde – Münzen, Keramik- und Bronzegefäße, Eisenwerkstücke und Schmuck – deuten jedenfalls auf konzentriertes Handwerkertum und regen Handel der Bewohner der Elsachstadt hin. Vergleiche mit Ausgrabungen an der Heuneburg bei Hundersingen (Gebiet 5), deren Blütezeit aber

Jahrhunderte früher lag, und mit der Anlage altgriechischer Städte lassen auch für das Heidengraben-oppidum auf weite, bis in den Mittelmeerraum reichende Beziehungen schließen. Die Helvetier gaben das oppidum schon 50 bis 70 Jahre nach der Erbauung wieder auf, als eine Zeit sich ankündigte, in der die politische Macht der Kelten in Süddeutschland verfiel. Alle sichtbaren Teile des Heidengrabens bei Grabenstetten, Burrenhof und Erkenbrechtsweiler sind durch einen Rundwanderweg mit Erläuterungstafeln erschlossen (siehe auch Tour 18).

Der Hohenneuffen, unter Umständen bereits in der Zeit der Urnenfelderkultur (um 1200 v. Chr.) besiedelt, dürfte auch zur Zeit des Heidengraben-oppidums als Ausguck gedient haben. Befestigt war er damals noch nicht. Die Anfänge der mächtigen Burgruine liegen im frühen 12. Jh. Von 1301 bis 1801 war sie eine bedeutende Festung in der Grafschaft, dem späteren Herzogtum Württemberg. Während der Teilung des Landes von 1441–1482 wurde die nördliche Landeshälfte sogar „die Neuffener" genannt. Der Ausbau zur Landesfestung erfolgte ab 1543. 1634/35 fiel die Festung nur durch Aushungerung an die kaiserlichen Belagerungstruppen. 1735–42 wurde die Festung weiter ausgebaut, blieb aber unvollendet und diente noch bis 1795 als Staatsgefängnis. 1801 wurde der Hohenneuffen zum Abbruch freigegeben, was bis ca. 1830 auch z. T. stattfand.

Nicht weniger geschichtsträchtig ist der „Runde Berg" W' Urach. Die Ausgrabungen auf ihm sind bis heute nicht abgeschlossen. Spuren aus der Bronzezeit (um 1500 v. Chr.) und keltischer Zeit bilden den Anfang. Am wichtigsten für die Forschung ist aber der Herrensitz, den alemannische Adlige hier ab ca. 300 n. Chr. hatten. Durch Funde in jüngster Zeit kam man zu der Auffassung, daß sich diese Stammesoberen durchaus vom Volk abheben wollten und nicht inmitten ihrer „Kommune" in einer gewöhnlichen Siedlung lebten, wie ursprünglich angenommen.

Hohenurach löste als Befestigung die auf dem Runden Berg ab. Die Burg wurde Mitte des 11. Jh. begonnen, ging 1260 an Württemberg über. Im Reichskrieg 1311 fiel die Festung nicht, genausowenig im Dreißigjährigen Krieg. Erst 1767 ließ Herzog Carl Eugen sie abbrechen, um daraus Schloß Grafeneck bei Marbach bauen zu lassen, also ein ähnliches Schicksal wie das des Hohenneuffen. 1443 verlor Hohenurach seine Bedeutung als Residenzstätte, diente aber noch lange Zeit als Staatsgefängnis mit z. T. berühmten Insassen. In diesem Jahr wurde mit dem Bau des Stadtschlosses in Urach begonnen, das aber erst 1474 fertiggestellt wurde, ähnlich wie es heute dasteht. Von da an dauerte es nur noch 8 Jahre bis zum Ende der Landesteilung (1482 Vertrag von Münsingen) und Urach war nicht mehr Hauptstadt für den südlichen Teil. Die Stadt hat aber bis heute ihre Bedeutung als Mittler zwischen Hochalb und Neckarland behalten, ist Kultur- und Kurzentrum geworden. Ab dem ausgehenden Mittelalter war sie ein führender Platz der Textilindustrie.

Gegenspieler der württembergischen Grafen und Herzöge war über Jahrhunderte hinweg die Freie Reichsstadt Reutlingen. Sie besaß ein kleines Territorium in der Umgebung, den heutigen Stadtteilen ähnlich.

Aufgrund der „Einkreisung" von allen Seiten kam es oft zu Auseinandersetzungen, die bis heute in Witzen weiterleben.
Eine landwirtschaftliche Besonderheit zum Schluß: Außer bei Tübingen am Neckar unten gedeiht seit Jahrhunderten im Ermstal und im Neuffener Tal Wein sehr gut. Die Blütezeit des Anbaus um Metzingen war kurz vor dem 30jährigen Krieg, als es 135 ha Rebfläche gab. Davon sind heute 35 ha übrig und als Metzinger Glanzstück die 7 Keltern auf einem Platz. In einer ist ein sehenswertes Weinbaumuseum untergebracht.

16 Unterhausen – Nebelhöhle – Lichtenstein – Echaztobel – Honau

Ab Lichtenstein-Unterhausen (Busse 400 der Hohenzollerischen Landesbahnen und 7556, 7606 der Bundesbahn), Haltestelle Bf, geht es los, ca. 500 m parallel zur B 312 bis zur Nebelhöhlenstraße. Dort re. (blaues Dreieck) ins Reissenbachtal, das unten von Streuobstwiesen, oben von Traufwald mit Buchen, Ahorn, Eschen erfüllt ist. Über den bequem angelegten Fußweg kommt man nach rund 200 Höhenmetern am großen Parkplatz bei der Nebelhöhle heraus. Dort wird jedes Jahr an Pfingsten das Nebelhöhlenfest gefeiert, das offenbar nach der Verbreitung von Wilhelm HAUFFS Roman „Lichtenstein" einen ungeheuren Aufschwung nahm. Die Nebelhöhle ist vom 1.4. bis 31.10. geöffnet, im Winter vor allem wegen der überwinternden Fledermäuse geschlos

Abb. 30. Die Echazquelle bei Honau.

sen. Ab der Nebelhöhle hält man sich an das rote Dreieck (Albnordrandweg) und kommt abwechselnd durch Wald und über freie Flächen, immer an der Traufkante entlang, zum Kalkofen, zum Gießstein, Breitenstein, Lichtenstein. Das Schloß wird derzeit renoviert, es soll 1989 fertig werden. Unweit des romantischen Schlößchens steht auf einem Felsen ein Denkmal für Wilhelm Hauff, er blickt auf das Werk seiner Phantasie, das erst nach seinem Roman in Stein verwirklicht wurde. Beim Denkmal steht auch eine „geologische Pyramide" mit eingemauerten Ammoniten – die Wiedergabe der Jura-Schichtfolge. In wenigen Minuten erreicht man die Ruine Alter Lichtenstein und den Zugang zum Tobel der Echaz (rotes und blaues Dreieck). Hier hat das Neckarsystem ein eindrucksvolles Beispiel seiner Erosionskraft geschaffen. Die „offizielle" Echazquelle (Abb. 30) wird bei hohem Wasserstand von verschiedenen Zuflüssen von weiter oben im Tobel gespeist. Über Honau, das auf einer Sinterkalk-Terrasse liegt, in der sich die Olgahöhle bilden konnte, erreicht man wieder Unterhausen.
Diese Tour ist sicher kein Geheimtip, an Werktagen aber auch während der besten Wanderzeit nicht überlaufen, weil viele direkt zur Höhle und zum Schloß fahren. Insgesamt 16 km, rd. 400 Höhenmeter, rd. 4½ h.

17 Bad Uracher Wasserfall – und Aussichtstour

Wie bei der eben vorgestellten Runde darf man auch am Uracher Wasserfall keinen Ort der Einsamkeit erwarten. Dazu ist das Phänomen des bald 40 m hohen freien Falls zu einmalig. Ausgangspunkt ist der Bf Urach (Bahnbus 7640). Den Albnordrandweg (rotes Dreieck) benutzt man bis hinauf zum „Kreuz", dem Sattel zwischen Seltbachtal und Ruine Hohenurach. Der mächtigen Ruine kann man in wenigen Minuten einen Besuch abstatten. Vom Kreuz zieht ein breiter Weg zur „Hochwiese", der Sinterkalkterrasse, die der Brühlbach selbst aufgebaut hat, ehe er in Ri. Erms hinunterstürzt. Trotz der Einfassung des Bachs in eine Rinne, wodurch der Fall immer an der gleichen Stelle stürzt, und des oft regen Betriebs ist dieser Platz immer wieder ein Erlebnis, auch im Winter. Einsamer und wilder wird es, sobald man ab dem Wasserfall (roter Dreiblock) übers „Känzele" sich in die „Hölle" begibt. Große Schuttmassen mit mächtigen Blöcken, die von den senkrechten Rutschenfelsen gestürzt sind, verhindern örtlich das Aufwachsen von Bäumen. Vom nächsten Sattel ist es ganz nah zum Runden Berg. Hier finden noch Grabungen statt, deshalb ist völlig freier Zugang nicht möglich.
Hier entscheidet sich der Weiterweg: die „Fohlensteige" abwärts (roter Dreiblock), zum Gütersteiner Wasserfall (Abb. 5) und hinauf zum Fohlenhof, dann die Traufkante entlang zum Camererstein, zum Eppenzillfelsen und noch zu den Hanner Felsen, von wo man die steilsten Blicke hinunter auf die ehemalige Residenzstadt hat und ganz nah der

Abb. 31. Bad Urach vom Hanner Felsen.

Ruine Hohenurach ist. Von den „Hannern" steil in die Stadt. Andere Möglichkeit: Fohlensteige hoch, nach li. zum Camererstein, dem AP, über den Rutschenfelsen, zur (Brunnen-)Doline am Rande eines Vulkantuff-Schlots zwischen Rohrauer Hütte (Naturfreundehaus, an WoE. bewirtschaftet) und dem ehem. Rutschenhof, zum Fohlenhof (Gestüt Marbach), hinunter an die Gütersteiner Wasserfälle, wo von 1180 bis 1560 ein zeitweise bedeutendes Kloster stand, dann durch den Gestütshof Güterstein, dessen Wasserversorgung von den Wasserfällen stammt. Durch das Maisental mit Weiden und Streuobstwiesen kommt man zurück nach Bad Urach. Zur Abrundung des Tages kann man hier in eines der Bäder gehen, ganz nach Geschmack Thermal–Mineralbad oder Wellen- und Sportbad. Die Strecken sind rd. 19 und 17 km lang, überwinden rd. 500 und 400 Höhenmeter und sollten inclusive Stadtbummel und Badbesuch als Tagestouren geplant werden.

18 — Oberlenningen – Schlattstall – Grabenstetten – Falkensteiner Höhle – Bad Urach (– Buckleter Kapf – Dettingen/Erms)

Ab Bf Oberlenningen (Zug Linie 761, Bus 7650) das Lautertal aufwärts nach der roten Raute. Nach rd. 3 km passiert man eine Kläranlage, biegt danach re. ab, überquert die B 465 und erreicht Schlattstall, das ruhig in

Abb. 32 (links). Die Höllenlöcher beim Nägelesfelsen über Urach.

Abb. 33 (rechts). Das mächtige Tor der Falkensteiner Höhle.

einem engen Kessel bei der Lauterquelle (dort Kunstgalerie) und dem „Goldloch" liegt. Ab Schlattstall folgt man dem roten Dreiblock, das Tal wird immer enger. Spätestens bei der „Großen Schrecke", einem wildromantischen Felsenzirkus im hintersten Talschluß, sind gute Schuhe und etwas Trittsicherheit angebracht. Vom Schreckenfels hat man noch einmal den Blick auf diesen verlassenen Winkel, der auch in WEINLANDS Roman „Rulaman" eine Rolle spielt. In wenigen Minuten ist die schmalste Stelle der Grabenstetter Halbinsel erreicht. Die Teile des Heidengrabens, die den Zugang von der Hochalb her abgesperrt haben, sind gut erhalten und erläutert. Will man den gesamten Heidengraben-Rundweg einschieben, dann ist wohl eine Übernachtung, z. B. im Burrenhof, sinnvoll. Ab dem Grabenstetter Heidengraben steigt man wieder sehr steil in den Schluß des Elsachtals zur Falkensteiner Höhle ab. Unter einer fast senkrechten Felswand liegt das mächtige Portal, dem man die Spuren der sporadischen Wasserführung genau ansieht. Bis Anfang des 19. Jh. floß die Elsach dauernd durch den Höhlenausgang, heute entspringt sie im Schutt unterhalb des Portals. Zunächst li., später re. der Elsach, am Pfälhof vorbei, erreicht man Bad Urach. Bis hierher sind es rd. 19 km, rd. 300 Höhenmeter, bequem 5–6 h. Will man noch von Urach und Umgebung mehr sehen, dann kann man den Anstieg und die folgende Aussichtstour über die Höllenlöcher, den Nägelesfels (darunter ein Bannwaldgebiet) und den Buckleten Kapf anschließen, ehe man in Dettingen/Erms in den Bus steigt (7640); zusätzlicher Weg und Zeitbedarf rd. 8 km, 2 h.

19 Weilheim – (Limburg –) Randecker Maar – Torfgrube – Teck – Owen („Vulkantour")

Weilheim erreicht man mit der Buslinie 7654 ab Kirchheim. Am verkehrsberuhigten Marktplatz stehen schöne (Fachwerk-)Häuser und vor allem die Peterskirche, innen mit zahlreichen Fresken geschmückt. Nach dem blauen „V" (für Abstecher) kann man in einer halben Stunde auf die Limburg steigen, den wohl am schönsten geformten Vulkan des Albvorlands. Sonst läßt man den Berg rechts liegen und wandert (blaues Dreieck) parallel zur Lindach nach Hepsisau. Im Frühjahr blühen vor allem unzählige Kirschbäume hier und verschönern den Blick auf- und abwärts (z. B. vom Reußenstein) ungemein. Das Randecker Maar wird über die Zipfelbachschlucht erklommen, die den vor Mio. Jahren, ähn-

Abb. 34. Die Limburg bei Weilheim, ein ausgeprägter Vulkanschlot, links davon die Teck.

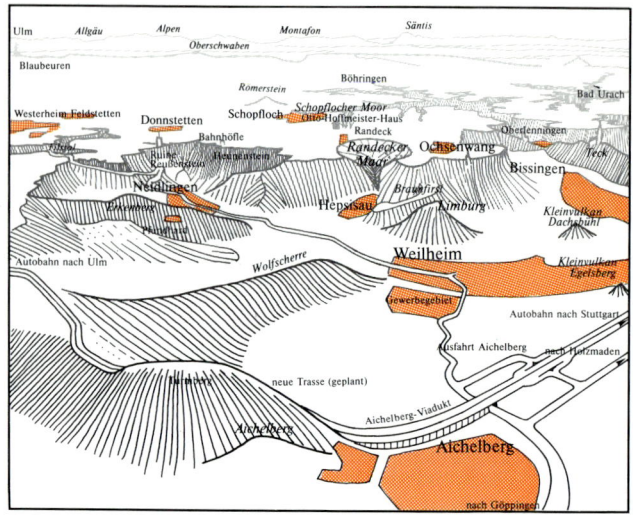

Abb. 35. Die Vulkanlandschaft der Kirchheimer und Uracher Alb von Norden.

lich einem Eifel-Maar, allseits geschlossenen Maarkessel angeschnitten und weitgehend ausgeräumt hat.
Randeck – Salzmannstein – dann von Nordwesten an und durch die Torfgrube, das einzige Hochmoor der Hochalb. Es verdankt sein Bestehen dem weitgehend wasserundurchlässigen vulkanischen Untergrund. Überschüssiges Wasser versickert an der SW-Ecke in einer aktiven Doline. Am „Kreuzstein" S' des Moors biegen wir re. ab, folgen ein Stück der roten Raute, können zur Diepoldsburg aber bald abkürzen. Weiter zur Ruine Rauber wird der Grat immer schmaler, beim steilen Abstieg zum Sattelbogen (wieder rotes Dreieck) erkennt man, wie abgetrennt von der Albtafel der schmale Kamm des Gelben Felsen und der Teck bereits ist. Ein Besuch der Stammburg des Albvereins ist fast Pflicht, man kann einkehren, übernachten, den AT besteigen. Will man die Vulkantour vollenden, dann steigt man über das Hörnle und den Hohenbol hinunter nach Owen (Bahnlinie 761, Bus 7650). Rd. 21 km ohne Limburg, rd. 600 Höhenmeter, mind. 6 h. Stehen mehrere Tage zur Verfügung, dann bietet sich eine ausgiebige Tour über die mittlere Alb an: Start in Kirchheim/Teck (Bahn 762), Wanderung immer mit Blick auf den Albtrauf über Holzmaden (Museum Hauff) nach Bad Boll (Stiftskirche, Schwefelbad), Übernachtung hier oder in Dürnau/Gammelshausen. Nun unter teilweiser Verwendung der Vorschläge 32, 19, 18 mit Übernachtungen in Wiesensteig oder Oberlenningen bis nach Bad Urach.

20 Von Sonnenbühl – Genkingen Ri. Roßberg und Ri. Nebelhöhle – Lichtenstein

60 km Spuren auf 6 verschiedenen Loipen mit Varianten zwischen Genkingen, Melchingen und Engstingen lassen sich z. T. bequem miteinander verbinden. Nach Studium der Karte wird man schnell sehen, daß damit längst nicht alles gesagt ist. Lichtenstein, Gießstein, NSG Greuthau u. v. m. sind per Ski erreichbar, der Anschluß zu den Salmendinger Loipen (Tour 14) nah.

21 Radrunde ab Metzingen über Bad Urach nach Reutlingen oder Metzingen zurück

Metzingen wird wie Reutlingen und Tübingen von der Bahnlinie 760 im stündlichen Eilzugtakt, meist mit Gepäck- und Fahrradtransport, bedient. Ab Bf Metzingen sind Radwandervorschläge numeriert und blau ausgeschildert, so Ri. Bad Urach unter der Bahn durch und unterhalb der Metzinger und Neuhäuser Weinberge nach Dettingen/Erms. Ständig begleiten uns außerhalb der Ortschaften unzählige Obstbäume. Nach Urach hinein fährt man durch das Kurgebiet, halte sich dann an den nördlichen Talrand. So kommt man auf ruhigen Nebenstraßen in den alten Stadtkern mit Rathaus, Amanduskirche und Residenzschloß. Für einen Bummel und Besichtigungen sind einige Stunden sinnvoll, die ja auf mehrere Besuche verteilt werden können. S' des Bf beginnt die „Alte Hanner Steige" (anfangs roter Dreiblock, später unbezeichnet), ein steiler Waldweg, der verfolgt wird, bis man auf die neue Hanner Steige, die Kreisstraße nach Bleichstetten, stößt. Eine halbe Stunde Schiebens wird mit guten Tiefblicken von den Hanner Felsen belohnt. Weitere 15 Minuten später kann nach einem Abstecher der Eppenzillfelsen besucht werden. Beim dortigen Wanderparkplatz zweigt links ein Fahrweg ab nach Upfingen. Weiter nach Lonsingen, dort zum „Roßbrunnen", einem offenen, gemauerten Wasserspeicher, dessen Inhalt noch heute als Reserve zum Feuerlöschen dient. Neben den Hülen von Frohnstetten oder Zainingen ist hier ein weiteres Beispiel für die Arten der früheren Wasserversorgung der Hochalb erhalten. Auf der Landstraße Ri. St. Johann-Würtingen, dann li. ab die „Heerstraße", einen Wirtschaftsweg, zur Kreuzung NO' Stahleck. Hier trennen sich die Wege: nach Metzingen zurück über die Eninger Weide, dann zum Gestütshof St. Johann (u. U. AT Hohe Warte) – Grüner Fels (Blick bis zum Schwarzwald möglich) – etwas schwieriger einen Wiesen- und Wurzelweg bis zum oberen Ende der Roßfeldsteige. Diese kleine Straße ist in der Regel für Kfz gesperrt. Über sie erreicht man mit einer herrlichen, ruhigen Abfahrt, die aber das Können und die Bremsen beansprucht,

Glems und Metzingen. Die anderen Möglichkeiten sind: Stahleck – Übersberg – Urselberg – hinunter nach Pfullingen. Durch die neu gestaltete Stadtmitte im Erkerstil mit Teich erreicht man Reutlingen am besten parallel zur Echaz (Wörtstr.), dann durch die alte Stadtmitte, z. T. Fußgängerzone. Für die Aufwärtsrichtung und auch als Anschluß ins Große Lautertal (Gebiet 5) ist ab Pfullingen Mitte die „Große Heerstraße" bis zum Stahleck empfehlenswert. Der Weg z. B. nach Tübingen kann sein: Lonsingen – Holzelfingen – Traifelberg (Abstecher mit Blick auf den Lichtenstein und die Felsen beidseits des oberen Echaztals) – Landstraße Ri. Genkingen, Umweg über Schloß Lichtenstein und Nebelhöhle (auch mit dem Rad gut zu fahren) – Genkingen – Gönningen – Bronnweiler (roman.-got. Kirche mit interessanten baulichen Merkmalen) – Gomaringen – parallel zur Wiesaz und Steinlach (gute Rad- und Wirtschaftswege) – Tübingen.

Ab Genkingen ist auch der Anschluß ins Gebiet 3 über Willmandingen und Salmendingen problemlos.

Gebiet ⑤
Münsinger und Zwiefalter Alb, Tautschbuch, Landgericht

In diesem umfangreichen Gebiet ist der wichtigste Fluß quer durch die Alb die Große Lauter von der Quelle in Offenhausen bis zur Mündung in die Donau bei Ober-/Untermarchtal. Die Westgrenze kann mit der Lauchert gleichgesetzt werden. Die höchsten Berge erreichen um 850 m, sie liegen alle nördlich der Klifflinie des miozänen Molassemeeres: der Augstberg bei Steinhilben, das Roßhäuptle S' Ödenwaldstetten oder der Sternberg bei Gomadingen. Letztgenannter ist einer der wenigen Vulkane außerhalb des engeren Uracher-Kirchheimer Gebiets.
Die Donau markiert im wesentlichen die Grenze nach Oberschwaben. Nur von Zwiefaltendorf bis Untermarchtal bricht sie wenig ausgeprägt durch die Albtafel. Etwas südwestlich davon hat der weiteste Vorstoß des rißeiszeitlichen Rheingletschers bei Riedlingen bis über die heutige Donau gereicht. So sind außer tertiären auch quartäre Ablagerungen bis auf die südliche Alb verbreitet. Die Donau erfuhr während der Eiszeiten verschiedene Laufänderungen: Vor und während der Rißeiszeit floß sie von Sigmaringen über Bingen nach Heudorf und nördlich Riedlingen. Das Feuchtgebiet beim Dollhof geht darauf zurück. Ab Untermarchtal bog der Fluß in einem nördlich gerichteten Bogen über das Kirchener Tal bis Ehingen und weiter über das heutige Schmiech-, Ach- und Blautal

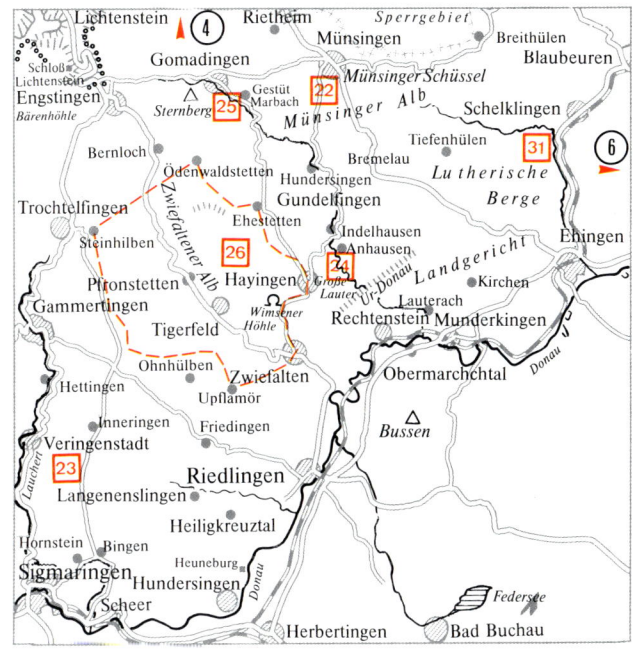

Abb. 36.

nach Ulm (siehe auch folgendes Gebiet). Die weiten, feuchten Niederungen zwischen Mengen, Hundersingen und Riedlingen sind aus der letzten und der Nach-Eiszeit. In den nassen Wiesen und Altwassern der regulierten, aber nicht für die Schiffahrt ausgebauten Donau finden so auch Großvögel wie Störche und Graureiher genügend Nahrung. Reihern wird man häufiger auch an Lauchert, Zwiefalter Ach und Großer Lauter begegnen können. Fotografisch zu „bannen" sind sie nur mit starken Teleobjektiven, da die Fluchtdistanz der großen Vögel sehr groß ist. Wie in den ersten Sätzen angedeutet, bietet das Gebiet einen Querschnitt durch fast die ganze Alb mit Ausnahme des Traufs der Neckarseite. Stellvertretend kann die Große Lauter als Musterbeispiel eines weitgehend naturbelassenen Mittelgebirgsflusses gelten: die Talaue mit genügend Platz für ausgeprägte Mäander, örtlich sehr feuchte Wiesen voller verschiedener Blumen und Gräser, ab Hundersingen abwärts auch Felsen, auf denen Burg(ruin)en in dichter Folge thronen, im Tal dörfliche Ansiedlungen – ein Genuß für Auge und Gemüt. Hinzu kommen die sehr unterschiedlichen Talflanken: zur Sonnenseite hin oft Wacholderheide auf Trockenrasen, aber auch Laubmischwald, in dem Buchen vorherrschen, auf der Schattenseite auch Fichtenforste. Dies

Links:
Abb. 37. Die Große Lauter windet sich unter Felsen und Ruinen zur Donau, hier der Wartstein.

Rechts:
Abb. 38. Auf den Koppeln des Haupt- und Landgestüts Marbach.

alles wechselt ständig, da das gesamte Tal seine Richtung auf kürzeste Distanz stark ändert, bedingt durch das geringe Gefälle des Flüßchens im Ober- und Mittellauf und die unterschiedliche Härte der angeschnittenen Gesteine.

Am Unterlauf der Lauter ab Indelhausen ändert sich das Bild etwas: Das Tal wird enger, bis auf eine Weitung in der Zementmergelschüssel bei Unterwilzingen, nur noch ein Fahrweg führt hindurch. Das Gefälle des Flusses steigt so, daß sich Stromschnellen und Wasserfälle bilden konnten. Eine durch Sinterkalkbildung noch verstärkte Stufe haben die Mühle und das kleine E-Werk bei der Lautermühle sich zunutze gemacht. Solange die derzeit v. a. an Wochenenden stärker befahrene Landstraße zwischen Marbach und Indelhausen nicht weiter ausgebaut oder begradigt wird, läßt sie recht ruhiges Radeln im gesamten Tal zu, oder man wandert streckenweise über die Höhen beidseits des Tales. Auch eine Bootsfahrt ist möglich (Bootsverleih mit Rücktransport z. B. in Bichishausen und Hundersingen). Die Kraft der Lauter bei höherer Wasserführung sollte aber nicht unterschätzt werden. Ferner sollten sich Bootswanderer möglichst umweltfreundlich verhalten, d. h. die Pflanzen und Tiere und die Ufer schonen und Lärm und Abfälle vermeiden.

Einen für die Bundesrepublik einmaligen Anziehungspunkt stellt die Wimsener Höhle dar, aus der die Zwiefalter Ach entspringt. Mehrere Zufälle ermöglichen, daß auf diesem Karstflüßchen rund 70 m in den Berg per Boot eingefahren werden kann (siehe Tour 26).
Quer über die Reutlinger und Münsinger Alb nehmen nach Süden die Zwiebelhauben auf den Kirchtürmen rasch zu. Daran zeigt sich, daß wir

uns in Richtung katholisches Oberschwaben begeben. Die Ursache hierfür liegt in der langen Herrschaft der Habsburger über Vorderösterreich mit den Städten Ehingen, Munderkingen, Riedlingen, Mengen und Saulgau. In Obermarchtal und Zwiefalten liegen zwei bedeutende ehemalige Klöster. Man sollte erst die frühbarocke, formal strenge, nach Vorarlberger Schema errichtete Kirche von Obermarchtal ansehen und danach die üppig ausgestattete Zwiefalter Klosterkirche auf sich wirken lassen; so kann man die Veränderungen im Baustil innerhalb von 70 Jahren deutlich erkennen.

Das Große Lautertal und das Donautal sind beide gut touristisch erschlossen, darüber sollte man aber das große Dreieck zwischen Trochtelfingen, Sigmaringen, Riedlingen sowie die Lutherischen Berge und das Landgericht nicht vergessen. Der Vorschlag zur Radrunde und der Anschluß ins Gebiet Blaubeuren – Ulm führen in diese etwas unbekannteren „Ecken". Man wird dort auf genauso ansprechende Landschaft und Sehenswürdigkeiten treffen wie in den bekannten Gebieten. Im Laucherttal, durch das über weite Strecken eine Bundesstraße führt (siehe auch Tour 23), bieten besonders der obere und untere Abschnitt z. T. eine recht naturbelassene Tallandschaft.

Eine Besonderheit des Großen Lautertals ist das traditionsreiche Gestüt Marbach, das auch auf der Uracher Alb mehrere Außenstellen besitzt. Im 16. Jahrhundert als Hofgestüt gegründet und inzwischen zum landwirtschaftlichen Großbetrieb gewandelt, besitzt das Land Baden-Württemberg hier eine bedeutende Pferdezucht und einen Anziehungspunkt ersten Ranges. In der Außenstelle Offenhausen ist in der ehemaligen Klosterkirche ein Gestütsmuseum eingerichtet werden.

Gebiet ⑤

22 — Münsingen, Beutenlay, Naturlehranlagen – Apfelstetten – Hundersingen – Buttenhausen – Marbach

Münsingen (Bus 7606 ab Reutlingen) hatte früher als Oberamtsstadt ein großes Gebiet zu verwalten. Es liegt geologisch gesehen in der Münsinger Schüssel, die durch Teil-Ausräumung der Zementmergel zwischen zahlreichen Riff-Kuppen entstanden ist. Diese Beckenlage prägt einerseits das recht niederschlagsarme, fast kontinentale Klima mit viel Sonnenschein, bewirkt aber bei Temperaturumkehr im Winter, daß in der Stadt und den umgebenden Tälern die Temperaturen um einige Grade niedriger liegen können als auf den Kuppen. Daher kommt die nicht auf Münsingen beschränkte Bezeichnung „Schwäbisch Sibirien" oder „Rauhe Alb". Die Meßwerte im langjährigen Mittel rechtfertigen dies aber nicht. Südlich der Stadt wurde seit Beginn der 70er Jahre an der Kuppe des Beutenlay eine Vielfalt von Bewuchstypen erhalten bzw. wieder angepflanzt (Zugang über die Wolfgartenstraße, gelbes Dreieck). In den Lehranlagen sind Biotope und Nutzungsformen zu finden, die es auf der Alb kaum oder gar nicht mehr gibt. So kann man Pflanzen kennenlernen, die früher in großem Umfang angebaut wurden und die Ernährung der Bevölkerung sicherten, z.B. den Dinkel. Diese wetterharte, anspruchslose Getreideart wird auch „Schwabenkorn" genannt. In den letzten Jahren bekam Dinkelanbau wieder eine gewisse Bedeutung auf der Alb, nachdem er erst zu Anfang unseres Jahrhunderts als Hauptbrotgetreide verdrängt worden war.

Auf dem Beutenlay kann man sich lange aufhalten. Will man weiter, dann sind die Wege nach Süden über Apfelstetten nach Hundersingen im Großen Lautertal immer mit dem gelben Dreieck bezeichnet, ebenso im Großen Lautertal aufwärts bis Buttenhausen, und bleibt man über Wasserstetten bis Marbach im Tal, dann für den gesamten Weg. In Buttenhausen, von dessen ehemals großer jüdischer Gemeinde nur noch ein Friedhof zeugt, entspringt direkt an der Lautertalstraße eine Karstquelle. Im Tal in Richtung Wasserstetten achten Sie auf die rechts liegende „Eichhalde"; sie zeigt den Übergang von Wacholderheide zu Wald. Wer „gewinnt", hängt einzig von der Beweidung durch Schafe oder von der Pflege ab. Graureiher sind hier und woanders im Tal recht häufig; sie finden am vielfach gewundenen Fluß gute Nahrung, flüchten aber vor Wanderern oder Radfahrern viel eher als vor vorbeifahrenden Autos. Ein Umweg über den „Schachen" W' Buttenhausen verspricht guten Rundblick, Rückkehr ins Tal dann in Wasserstetten. Dapfen und dann Marbach sind die nächsten Stationen, wobei zum Schluß ein Umweg über den Hang südlich des Gestüts den besten Überblick über dasselbe gewährt (gelbe Raute, dann die Str. von Ödenwaldstetten hinunter). Die Wegstrecke Münsingen – (ohne Rundweg Beutenlay) – Hundersingen – Marbach (Bus 7618 nach Reutlingen) mißt rd. 18 km und benötigt bei geringen Höhenunterschieden rd. 4 h

Gehzeit. Nach Münsingen zurück bietet sich der Weg über Schloß Grafeneck (Jagdschloß der württembergischen Herzöge, im 3. Reich Euthanasie-Anstalt, heute Samariterstift) und Fauserhöhe an.

23 Heimatgeschichtlicher Rundweg bei Veringenstadt

Dieser Weg hat drei Stationen, die wichtige Zeitmarken für die Entwicklung der Landschaft, der Besiedlung, der Wirtschaft der Alb darstellen: als erstes die Bohnerzgewinnung, die in der Umgebung des südlichen Laucherttals bis vor etwa hundert Jahren eine einträgliche (Neben-)Erwerbsquelle für die Bewohner war. In den Schmelz- und Hammerwerken Thiergarten (Tour 7) und Lauchertal wurde das Erz verhüttet. Zweite Station ist ein rd. 140 Mio. Jahre altes Schwammriff, das heute als herausgewitterte Erhebung am Ostrand des Lauchertgrabens erhalten ist. Hier kommen die Ränder dieses vor rd. 15 Mio. Jahren enstandenen Grabens im Gelände recht gut zum Vorschein. Dritte Station ist eine verlassene Siedlungsstätte aus dem späten Mittelalter, die zuletzt den Grafen von Veringen gehörte. Die Bewohner wurden entweder von Seuchen getötet oder verließen aus unbekannten Gründen diesen Ort. Sie lebten wohl zum Teil oder ganz vom Bohnerzabbau.
Der Rundweg ist etwa 2,5 km lang; er ist auch Ziel einer Wanderung von Veringenstadt aus, wobei der Besuch der Nikolaus- und der Göpfelsteinhöhle sowie der malerischen Stadt eingebaut werden kann.

24 Unteres Lautertal ab Anhausen/Indelhausen ausgedehnt auf 2 Tage bis zur Donau und nach Zwiefalten

Ausgangspunkte dieser Wanderung(en) sind Hayingen, Indelhausen / Anhausen (Bus 7645) oder Zwiefaltendorf (Bus 7513). a) Kleinere Runde ab Hayingen: Nach Osten (rote Raute) aus der Stadt – oberstes Bärental – Abstecher „Hirschhau". Von dem Felsen, der die Lautertalstörung genau markiert, wird der Blick in das gewundene Lautertal frei. Vom AP erst nach S, dann nach O hinunter ins große Lautertal bei der Einmündung des Schneiderstals. Nur kurz auf dem Talweg, dann auf der östlichen Seite steil hinauf zur Ruine Monsberg und weiter zur Ruine Wartstein, ab dort rotes Dreieck (Albsüdrandweg). Bald geht es wieder hinunter an den Fluß, der Hohe Gießel, ein mehrere Meter hoher Wasserfall, wird passiert, danach das Heuscheuerle, ehe man an das Ende der Lautertalstraße kommt. Über das unterste Hayinger Tal (blauer Dreiblock) weiter steil hinauf zu den Gerberhöhlen und zur wohl hallstattzeitlichen Befestigung Althayingen. Die Wälle dieser Befestigung

Abb. 39. Ein fast vollendeter Umlaufberg der Großen Lauter mit der Ruine Niedergundelfingen.

sind z. T. noch sehr gut erhalten (vergleiche Heuneburg, Heidengraben und Gräbelesberg), wobei über die zeitliche Zuordnung und die Urheber noch keine Klarheit herrscht. Das Hayinger Tal weiter aufwärts wird das Naturtheater erreicht. Rd. 16 km, 4 h.

Ausdehnen kann man die Tour über Ruine Wartstein – Erbstetten (immer an der gut hervortretenden Lautertalstörung entlang) – Wolfsfalle – Wolfstal, dabei im unteren Teil Naturlehrpfad und Variante hoch oben an der W' Talseite. Im Wolfstal sieht man die Spuren des früher ständig, heute nur noch sporadisch fließenden Wassers deutlich. Im Frühjahr blühen unzählige Märzenbecher. Dann das Lautertal abwärts bis zur Mündung in die Donau bei Obermarchtal, dort Besichtigung des ehem. Prämonstratenserklosters – Rechtenstein – entlang Donau und Braunsel – Emeringen – Zwiefaltendorf, dort unter der Brauerei Blank eine Tropfsteinhöhle im Tuff, die von der rd. 8 m darüber fließenden Zwiefalter Ach noch nie überflutet wurde, aber mit der nahen Donau zusammenhängt. Besuch auf Anfrage, nur zu Stoßzeiten mittags und an Wochenenden ungünstig. Auf der Südseite der Zwiefalter Ach nach Zwiefalten, dort in die Klosterkirche. Am Fluß weiter nach Gossenzugen zur Wimsener Höhle und durch das Glastal zurück nach Hayingen. Die Runde ist über 50 km lang.

25 — Skiwanderung bei Gomadingen um den Sternberg

Beim Sportplatz S' Gomadingen (Bus 7618 ab Reutlingen) ist ein Einstieg in diese nicht ganz leichte Spur von 9 km Länge. Ein noch schönerer Zugang kann ab Offenhausen erfolgen, wo man sich ab dem Gestütshof mit der Quelle der Großen Lauter durch ein kleines Tal nach Süden halten muß. In Verbindung mit der Holzwiesenloipe läßt sich die Runde so auf gut 15 km ausdehnen. Den Sternberg-AT zu besteigen lohnt immer ab einigen Kilometern Sicht.

26 — Radrunde Zwiefalten – Hayingen – Steinhilben – Upflamör – Zwiefalten

Zufahrt nach Zwiefalten z. B. von Riedlingen aus (Bahnlinie 755) möglichst nahe der Donau über Bechingen – Zell – Wanderweg blaues Dreieck parallel zur Bahnlinie über die Donau – Zwiefaltendorf – Zwiefalten. Von dort wie bei der Tour 24 zur Wimsener Höhle. Nach Hayingen

Abb. 40. Sich auflösende Morgennebel über dem Tobeltal bei Zwiefalten, im Hintergrund die Türme der Klosterkirche.

auf der Landstraße durch das Werfental – Ri. Ehestetten, vorher li. nach Maxfelden, wieder re. Ri. Ehestetten – li., dann schräg re. das Weidental auf Wirtschaftsweg – nach rd. 5 km Hohenstein-Ödenwaldstetten (Bauernhausmuseum) – Oberstetten – Steinhilben – Augstberg, AT, umfassende Rundsicht – Harthausen – Feldhausen, S' „Fünf Linden", Naturdenkmal, dort schräg li. – nächster Weg geradeaus am Rattersberg vorbei, li. zum Lapphauser Brunnen, der an der Stelle eines vor Jahrhunderten aufgegebenen Weilers steht – am Waldrand re., nach rd. 800 m li. nach Kettenacker, im Ort re. St. Georgs-Straße. SO' von K. steht die schlichte St. Georgs-Kapelle mitten auf einem kleinen Hügel. Nach rund 1 km li. um den Dachsberg herum zur Landstraße nach Geisingen. Rd. 3,5 km meist durch Wald, an dessen Rand nach S auf Wirtschaftsweg bis zum nächsten Waldrand. Bald wird eine erst vor kurzem von Schülern in Pflege genommene Wacholderheide passiert. Alte Wegweiser führen nach Upflamör, das ziemlich frei auf einem Kamm mit Blicken in viele Richtungen liegt. Einen besonders schönen hat man O' des Orts hinunter nach Zwiefalten (Abb. 40). Der Ausgangspunkt der Runde von etwa 60 km (ohne Zufahrt von Riedlingen) wird nach einer langen Abfahrt und durch das Tobeltal erreicht. Die Tour ist mit einigen Anstiegen „gewürzt" und kann genauso in anderer Richtung befahren werden.

Anschluß nach Norden: Großes Lautertal – Apfelstetten – Münsingen – Trailfingen – Ermsquelle – Seeburger Tal auf „Grünem Weg" nach Bad Urach.

Anschluß nach Westen ab Harthausen – Feldhausen nach Mägerkingen – oberes Laucherttal.

Anschluß nach Süden: Kettenacker – Inneringen – Bingen – Sigmaringendorf – Sigmaringen. Schön ist auch eine Erweiterung der Runde um den Abschnitt Bingen – Heudorf (ehem. Donautal) – Hundersingen (Heuneburg, keltische Burg mit weit in den Mittelmeerraum reichenden Beziehungen, Museum dazu in Hundersingen, archäologischer Pfad) – Heiligkreuztal (Kloster, das schon weit renoviert ist, stilvolle Übernachtung in ehem. Mönchszellen, auf Anfrage für Gruppen) – Altheim – Riedlingen.

Anschluß nach Osten: Indelhausen – Anhausen – Großes Lautertal – Lauterach – Kirchener Tal – Ehingen.

Gebiet ⑥
Blaubeurer und Ulmer Alb mit Lutherischen Bergen und Hochsträß

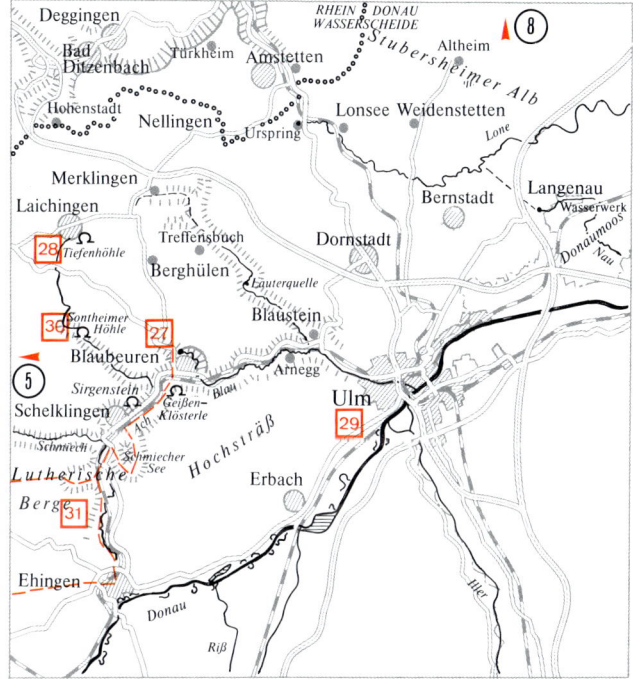

Abb. 41.

Nur auf den ersten Blick ein weniger „aufregendes" Gebiet als die Schauseite zum Neckar! Eine topographische oder auch geologische Karte verschafft Klarheit: Für die Flußgeschichte der Donau gibt es keinen aufschlußreicheren Abschnitt als Riedlingen – Ehingen – (Blaubeuren –) Ulm. Daneben weist Blaubeuren Anziehungspunkte für jeden Anspruch auf: den Blautopf, ein historisches Stadtbild mit dem Kloster, das Urgeschichtliche Museum mit einem entsprechenden Pfad, interessante Felsen in der Umgebung. Ulm am Rande der Alb nach Oberschwaben und Bayerisch-Schwaben ist die an Einwohnern größte Stadt der Alb. Wirtschaftszentrum trotz derzeit höherer Arbeitslosigkeit als im Durchschnitt des Landes, Verwaltungs- und Kulturzentrum auch weit über die Landesgrenze. Die Stadt bietet dem Naturfreund z. B. eine Besteigung des Münsterturmes bei guter Fernsicht oder das Brotmuseum (Tour 29). An der Donau in Richtung Erbach liegt das Feuchtgebiet (NSG) „Gronne", ein Vogelparadies. Kunstfreunde finden im gesamten Gebiet sowieso reiche Betätigung.

Entlang Donau- und Blautal verschwindet die Schwäbische Alb, deren jüngste und chemisch reinste Kalksteine und Zementmergel hier abgebaut und verwertet werden, unter den tertiären und quartären Schichten Oberschwabens. Zahlreiche Kiesgruben im Donautal zeigen einen Teil des Gesteinsspektrums, der das Molassebecken füllt.

Das Hochsträß zwischen Ehingen und Ulm ist ein vom heutigen und ehemaligen Donautal umgrenztes Hügelland. Sein Nordrand fällt steil, felsendurchsetzt zur Blau hin, mit kurzen, fast durchweg trockenen Seitentälern. So ähnelt das Ach-/Blautal sehr dem Durchbruchstal der oberen Donau zwischen Tuttlingen und Sigmaringen.

Wie bereits angedeutet, hat die Donau im Abschnitt Riedlingen – Zwiefaltendorf – Ehingen – Ulm eine wechselvolle Geschichte hinter sich. Anfangs floß sie einige Kilometer weiter nördlich, hinterließ in einem wohl wenig tiefen Tal tertiäre (pliozäne) Schotter mit Gesteinen aus den Alpen und dem Schwarzwald. Diese inselhaften, als Schleier über die Felder verstreuten Vorkommen liegen heute rd. 150–200 m höher als die derzeitigen Täler, aufgrund der kräftigen Hebung der gesamten Albtafel seit dem Pliozän. Die pliozäne Donau kann man sich als einen breiten Tieflandstrom vorstellen, dessen Mündung in das Meer bereits bei Wien erfolgte (Pontisches Meer, größerer Vorläufer des Schwarzen Meeres). Die Eintiefung der Donau ging im Quartär weiter, etwas gebremst während der Eiszeiten, als in den Sommern viel Schmelzwasser mit großer Fracht mehr seitliche Erosion leisten konnte. Aus der Rißeiszeit stammen die breiten Talabschnitte Untermarchtal – Kirchen – Ehingen, das heute von der Schmiech benutzte, breite, feuchte Tal bis Schmiechen, die Schleife östlich um den Schelklinger Berg, in der der Schmiecher See liegt und die Ausformung des heutigen Ach- und Blautals bis nach Ulm. Die verschiedenen Phasen in der Abbildung 42 sind nach mehreren Quellen zusammengestellt. Als wichtiger „Entschleierer" nicht nur der Flußgeschichte der Donau gilt Georg WAGNER. Auf seinen Erkenntnissen bauen viele Geologen und Geographen auf, vor allem, wenn anschauliche Vermittlung von erdgeschichtlichen Zusammenhängen und Entwicklungen verlangt ist.

Nach der Rißeiszeit, die den weitesten Vorstoß der alpinen Vorlandgletscher nach Norden brachte, suchte sich die Donau einen Weg südlich am Hochsträß vorbei. Der heutige Lauf ähnelt dem vom Ende der jüngsten Eiszeit (Würm), ist aber durch Begradigung und Aufstau stark verändert. Auf einer topographischen Karte erkennt man z. T. besser als in der Natur die zahlreichen Reste ehemaliger Schleifen, die nur noch selten wassererfüllt sind. Sie sind manchmal wertvolle Feuchtgebiete; die gleiche Funktion können aber Biotope „aus zweiter Hand", z. B. ehe-

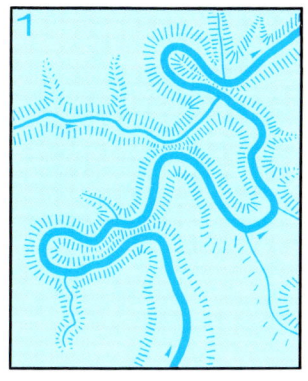
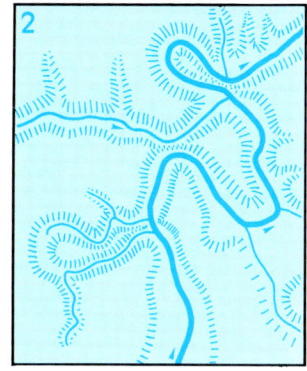
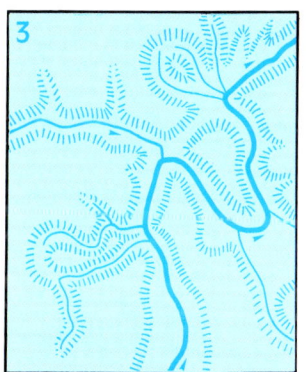
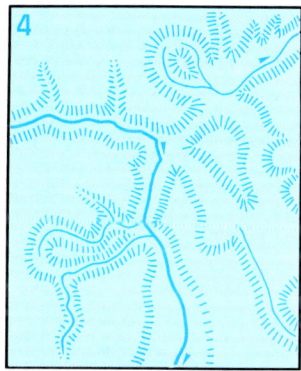

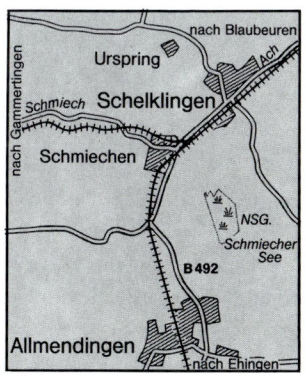

Abb. 42. Die Flußgeschichte der Donau zwischen Ehingen und Blaubeuren von der Rißeiszeit mit stark wasserführender Donau (1) bis heute (4), darunter der entsprechende Ausschnitt aus der topographischen Karte.

Gebiet ⑥

malige Baggerseen, erfüllen. Einer wurde eingangs erwähnt (Gronne); es wäre noch der Öpfinger Stausee zu nennen, der ein wichtiger Rast- und Überwinterungsplatz für zahlreiche Wasservögel ist.

Vom Wasserreichtum des Donaurieds zwischen Langenau, Sontheim/Brenz und Günzburg profitieren rd. 3 Mio. Menschen. Die Landeswasserversorgung gewinnt hier hartes, d. h. mit Kalk von der südöstlichen Alb reichlich versehenes Wasser und speist es in das Leitungsnetz ein, das auch in den Mittleren Neckarraum geht. Ein geringer Teil des Wassers aus dem Donauried stammt vom Flüßchen Nau, das wiederum von versickertem Lonewasser (siehe Gebiet 8) gespeist wird.

Auf der Blaubeurer Alb nördlich der Ach und Blau sind alle Karst-Erscheinungen zu beobachten: ein verzweigtes Trockentalnetz, als dessen schönste Abschnitte das Tiefental und das Lautertal gelten können. In letzterem entspringt im unteren Teil das Flüßchen Lauter aus einer Karstquelle. Daneben gibt es Höhlen, z. B. die Sontheimer und als große Besonderheit die Laichinger Tiefenhöhle. Sie ist die einzige Höhle Deutschlands, in der in solchem Ausmaß in vertikalen Klüften ab- und aufgestiegen werden kann.

Berühmt, sagenumwoben und sehenswert ist zweifellos der Blautopf. Inzwischen kann man ihn nicht mehr zu den reinen Wasserhöhlen zählen, seit der Höhlentaucher HASENMEYER eine lufterfüllte Halle, den „Mörike-Dom", erreichen konnte.

Für die Kulturgeschichte nicht nur der Alb ist der Raum Blaubeuren – Ulm – Lonetal – Heidenheim – Nördlingen von unermeßlichem Wert. Hier sei nur auf die reichen Funde hingewiesen, die z. B. das Geißenklösterle und der Sirgenstein zwischen Blaubeuren und Schelklingen bargen. Hervorragend informiert im Urgeschichtlichen Museum Blaubeuren und durch einen von dort ausgehenden Lehrpfad angeleitet, kann sich jeder interessierte Laie einen ausgezeichneten Überblick über einige 100 000 Jahre Menschheits- und Naturgeschichte verschaffen.

27 Blaubeuren – Blautopf, Felsenlabyrinth, urgeschichtlicher Pfad und Museum

Den Blautopf muß jeder Alb-Liebhaber gesehen haben. Seine Schüttung liegt zwischen rd. 300 und 26 000 l/s, im Mittel bei 2200 l. Diese gewaltige Schwankung geht auf sein Einzugsgebiet zurück, das mit 150 bis 160 km^2 sich um Westerheim, Laichingen, Feldstetten, Sontheim, Suppingen und Berghülen erstreckt. Es ist ein Gebiet ohne jedes oberirdische Fließgewässer. Das Wasser im 21 m tiefen Blautopf ist nicht immer blau. Niederschläge und die Schneeschmelze verursachen Trübung und grünliche bis braune Färbung. Am Blautopf steht auch ein Denkmal für die Gründer der Albwasserversorgung, die seit der Inbetriebnahme einer Pumpe im Jahre 1875 die Kraft des Blautopfwassers nutzt.

Abb. 43. Der Blautopf mit der Spiegelung der Klosterkirche.

Am Urgeschichtlichen Museum in der Karlstraße beginnt der mit einem Mammut bezeichnete urgeschichtliche Pfad, der ein Stück weit den Albsüdrandweg (rotes Dreieck) mit benutzt. Der Pfad führt zunächst zum Felsenlabyrinth mit der bekannten „Küssenden Sau". Von der Ruine Günzelburg oberhalb von Weiler abwärts bis an den südlichen Rand des Ortes, über den Talgrund auf die andere Seite des Achtals zum Geißenklösterle. Diese Höhle wurde vor 35 000 bis 10 000 Jahren immer wieder von Menschen aufgesucht. Dabei blieben Steinwerkzeuge, Speerspitzen, Tierreste und als große Besonderheit mit die ältesten menschlichen Kunstwerke zurück. Kopien der aus Mammutelfenbein geschnitzten Figuren vom Mammut und vom Höhlenlöwen (rd. 30 000 Jahre alt) und einer Menschendarstellung (32 000–33 000 Jahre) sind im Urgeschichtlichen Museum zu sehen. Ein Besuch dort vermittelt auf gar nicht „trockene" Art viel über Natur- und Menschengeschichte einiger Hunderttausend Jahre. Vom Geißenklösterle bis zurück in die Karlstraße gibt es zwei Möglichkeiten: Auf der Südseite des Achtals im Wald bis hinunter zur Brücke der Hauptstraße (B 28) über die Bahn, von dort über den Rucken, den fast vollendeten Umlaufberg der Ur-Donau, wieder in die Stadt, oder ab der Straßenbrücke noch über die Blau, hoch zum Rusenschloß und auf dem Waldlehrpfad oberhalb der Blau zurück, zum Schluß zum Blautopf (Zeichen roter Dreiblock, dann rote Raute, dann ohne weitere Markierung). Die kleinere Runde ist 13 km lang, die große gut 16. Mit Muße für Blautopf, Felsen und Museum sollten Sie mindestens 5 h rechnen.

28 Laichinger Tiefenhöhle und karstkundlicher Pfad

Als intensiv verkarstetes, wasserarmes, mit zahlreichen Höhlen versehenes Gebiet eignet sich Laichingen für eine Zusammenstellung einiger Karsterscheinungen entlang eines gut 11 km langen Pfades besonders. Den „Laichinger Höhlenfreunden" sind Anlage und Ausschilderung sowie natürlich die Zugänglichkeit der Tiefenhöhle zu verdanken. So tief wie hier kommt man sonst nirgends so leicht in den „Bauch der Alb" hinab. Zur Orientierung in dem dreidimensionalen Gebilde von Schächten (bis 55 m erschlossen), Schlünden und Hallen nimmt man sich am besten Zeit für das „Röntgenbild" der Höhle in der zeichnerischen Darstellung im Höhlenmuseum. Dort sind auch in vielfältiger Art Karst- und Höhlenkunde und der Aufbau der Alb behandelt. Um Höhlenmuseum und -rasthaus finden Kinder einen Spielplatz auf Wacholderwiesen mit z. T. mächtigen Weidebuchen.

2½ bis 3 h nimmt der karstkundliche Pfad, Zeichen „K", in Anspruch. Er

Abb. 44. Bei Laichingen gibt es zahlreiche und verzweigte Trockentäler.

beginnt bei der Tiefenhöhle und führt gegen den Uhrzeiger beschrieben erst nach Westen, über die Straße Laichingen – Suppingen hinweg, dann durch Wald. Wegen der häufigen Richtungswechsel beachten Sie bitte die Markierung gut. Zur Orientierung hilft das breite Trockental (mit Hochspannungsleitung), das sich südlich Laichingen nach Osten zieht und im Himpfertal, Langen Tal und Lautertal fortsetzt. Erste Station ist eine Feldhüle, künstlich gestaut und zur Viehtränke angelegt, deren überlaufendes Wasser in einem Schluckloch daneben versinkt. Der Pfad führt auf einem Wirtschaftsweg am unteren Ende eines Skilifts vorbei zum Hohlen Stein am Nordhang des Hagsbuchs. Diese kleine Höhle wurde frei, als ein Erdfall (Doline) einbrach. Mit mehrmaligem Richtungswechsel zieht der Weg auf den Gipfel des Hagsbuchs, wo im Wald eine weitere Hüle liegt. Wohl ebenfalls zur Viehtränke wurde sie angelegt oder zur Versorgung eines Hofs. Am Waldrand und mehreren schönen Heckenriegeln, von Eichen durchsetzt, vorbei geht es wieder abwärts, dann links in den Wald und re. entlang einer Waldwiese bis in ein Trockental zu einer Doline. Das erwähnte („stromführende") Trockental verfolgen wir anschließend nach Osten, überqueren die Straße und finden zum Schluß ansteigend, an einer Obstbaumanlage vorbei, zur Tiefenhöhle zurück.

29 Ulm, Münsterturm, Brotmuseum

Dieser Vorschlag fällt ein wenig aus dem gewohnten Rahmen, läßt sich aber gut z. B. in eine Radtour einschalten. Vom Blautal her, zuletzt möglichst in den kleinen Grünanlagen an der Blau, unterm Bahnhof hinweg oder entlang der Donau von Erbach her kommt man fast ohne Kfz-Verkehr, meist auf Radwegen bis in die Innenstadt von Ulm. Beim Besuch des Münsters sollte man sich vor Augen halten, daß dieses riesige Gotteshaus, von damals (1377) 15 000 Bürgern in Angriff genommen, Platz für doppelt so viele Menschen bot. Die Besteigung des Turmes lohnt immer, außer bei hochreichendem Nebel. Auf der oberen Plattform erreicht man bis auf wenige Meter die Spitze des mit 161 m höchsten Kirchturms der Welt. Ein Gang durch das Fischerviertel, wo derzeit viel saniert wird, kann eine Seite des regen Ulmer Erwerbslebens ein wenig in Erinnerung rufen. Durch die Stadtmauer kommt man an das Donauschwabenufer, das an ein weiteres Kapitel deutscher, auch Ulmer („Ulmer Schachteln") Geschichte gemahnt. Dem hier schon breiten Donaulauf entgegen erreicht man am Galgenberg in der Fürsteneckerstraße das Brotmuseum. Brot selbst ist kein Ausstellungsobjekt, aber sonst eigentlich alles, was damit zu tun hat. Die Bedeutung des Brotes als 8000 Jahre alter Inbegriff der täglichen Nahrung des Menschen wird auch unterstrichen durch eine reiche Sammlung von Kunstwerken v. a. des 20. Jahrhunderts um die Themen Hunger, Not und Brot.

30 Skiwanderung auf der Sontheimer Loipe

Von Sontheim (Bus 7642) muß man erst nach SO aus dem Ort abwärts das oberste Tiefental queren, um den Einstieg zur Loipe zu erreichen. 12 km mißt die längere Strecke. Zum Schluß kann man einen Blick in die ansonsten im Winter geschlossene Sontheimer Höhle werfen, wo sich bizarre Eisformationen bilden können.

31 Radrundtour Urdonau und Lutherische Berge ab Blaubeuren/Schelklingen

Von Blaubeuren (755, Radverleih am Bf) grün (Landesradwanderweg) ausgeschildert das Achtal aufwärts in Ri. Schelklingen. Unterwegs können die kulturgeschichtlich interessanten Höhlen Hohler Fels und Geißenklösterle besucht werden. Von Schelklingen zunächst einen Abstecher nach Urspring (Kloster, heute evang. Landschule, Karstquelle), dann auf der Straße Ri. Erbach, nach rd. 3 km scharf nach re. auf einen Wirtschaftsweg, der den Zugang zum Schmiecher See ermöglicht. Dieses nicht ständige Gewässer wird anscheinend nur vom kleinen Siegenbach gespeist. Daher trocknet der See oft fast aus, nur die Moorvegetation weist dann auf das Feuchtgebiet hin, das von zahlreichen Vogelarten bevölkert wird. Fährt man weiter nach Schmiechen, dann ist eine der Urdonau-Schleifen bereits nachvollzogen. Ab Schmiechen auf der W' Talseite in Ri. Allmendingen (wieder Landesradwanderweg), man biegt aber bald nach re. ins Grießtal ab. Nach einem Anstieg von rd. 3 km ist Weilersteußlingen erreicht, dessen barocke, protestantische Kirche von 1755 einen Besuch wert ist. Die Lutherischen Berge heißen nach der Konfession der Bewohner seit Jahrhunderten so. Das Gebiet kam Ende des 16. Jh. an die Herzöge von Württemberg, es ist eine „Insel" inmitten katholischer Umgebung geblieben. Bei der Weiterfahrt nach Westen kann man in Tiefenhülen eine der wenigen erhaltenen Dorfhülben besuchen.

Frankenhofen – Granheim – Mundingen sind die nächsten Stationen, dann folgt ein kurzer Anstieg auf das Landgericht. Bremsen Sie auf der Abfahrt rechtzeitig, um nicht am herrlich gelegenen Rastplatz „Saubergerhütte" vorbeizufahren. Der Blick wird von hier schlagartig auf das unterste Ende des Großen Lautertals und die Donau mit Obermarchtal frei. Genau dorthin geht der Anschluß dieser Runde nach Westen. Auf einem Waldweg nach dem Zeichen blaue Raute kann man ab der „Saubergerhütte" direkt nach Schloß Mochental fahren. Am ehem. Sommersitz der Zwiefalter Äbte können das erste Besenmuseum der Welt und wechselnde Kunstausstellungen besichtigt werden. Im nun folgenden Kirchener Urdonautal geht es meist leicht abwärts bis Ehingen, der ehe-

Links:
Abb. 45. Der Sirgenstein, eine der während der Eiszeit von Jägern aufgesuchten Höhlen im Achtal.

Rechts:
Abb. 46. Die „Küssende Sau", eine Partie im Felsenlabyrinth oberhalb Blaubeuren-Weiler.

maligen „Hauptstadt" der 5 vorderösterreichischen Donaustädte. Zahlreiche historische Gebäude, darunter mehrere Kirchen verschiedener Stilrichtungen, können bei einem ausgiebigen Bummel bewundert werden. Zurück nach Schelklingen über Allmendingen halte man sich möglichst nahe an der streckenweise stark mäandrierenden Schmiech, die durch feuchte Wiesen fließt. Die Runde ab Schelklingen mißt rd. 60 km, ab und bis Blaubeuren 90 km.

Anschluß nach Osten: Blaubeuren – Blautal – Ulm – Langenau (Landesradwanderweg) oder Ehingen – Heufelden – Niederhofen – Oberdischingen (Residenz des bei Verbrechern Ende des 18. Jh. gefürchteten „Malefizschenken", der hier stark klassizistische Bauten verwirklichen ließ) – Ersingen – Dellmensingen – Donaustetten – Ulm.

Anschlüsse nach Norden: ebenfalls auf Landesradwanderweg Blaubeuren – Berghülen – Laichingen und Arnegg – Herrlingen – Lautern – Bermaringen – Scharenstetten – Lonetal.

Gebiet ⑦
Göppinger und Geislinger Alb mit Kaiserbergen

Dieses vielgestaltige und für die v. a. mittelalterliche Geschichte bedeutende Gebiet liegt zwischen Amstetten bei Geislingen, dem Remstal bei Lorch, Kirchheim unter Teck und Laichingen. Die Fils ist ab ihrem Ursprung bei Wiesensteig der zentrale Fluß, bei Geislingen knickt ihr Lauf markant von Nordost nach Nordwest. Sie benutzt von Geislingen bis Plochingen mit umgekehrtem Gefälle die alte Richtung des Ur-Lone-Tals. Dieser Fluß reichte bis ins jüngere Tertiär vermutlich bis auf die Filder bei Stuttgart. Alte Reste eines ehem. Nebentals der Ur-Lone lassen sich bei Treffelhausen und am Furtlepaß mit Hilfe der Höhenlinien gut verbinden. Die Eintiefung der Eyb ab unterhalb Treffelhausen mit allen so anziehenden Folgen wie Felsnadeln, steilen Seitenschluchten und Höhlen konnten die letzten Reste dieser zur Donau gerichteten Ur-Eyb und Ur-Lone nicht ganz verwischen.

Die drei Kaiserberge sind neben dem Hohenzollern die berühmtesten Zeugenberge (Weißjura) der gesamten Alb. Hohenstaufen, Rechberg und Stuifen stehen wie Orientierungspunkte (Abb. 48) weiter vom Trauf weg als die übrigen Ausliegern am Albnordrand. In ihrer nahen Umgebung hat sich eine bucklige Welt mit zwei schmalen, langen Rücken erhalten können, der Aasrücken und das Rehgebirge. In beiden sind harte Sandsteine des Braunjura beta die wesentlichen Verebnungsbild-

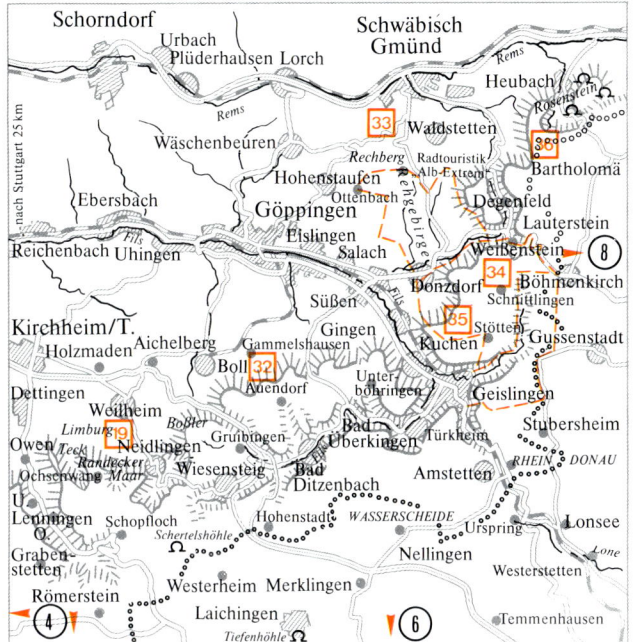

Abb. 47.

ner. Darin lagern auf dem Unteren Donzdorfer, Personaten- und Oberen Donzdorfer Sandstein jeweils eisenerzhaltige Flöze bzw. Bänke von bis zu 2 m Mächtigkeit. Der früher intensive Abbau – bei Eisengehalten von bis zu 35% – wurde zuletzt bei Geislingen 1963 eingestellt. Erzverhüttung und Metallverarbeitung waren die Grundlage der heutigen, vielfältig strukturierten Industrie im Filstal. Seit vielen Jahren ist diese Vielfalt ein wesentlicher Vorteil für konjunkturell angepaßte Reaktionen. Die Arbeitslosenquote des Arbeitsamtsbezirks Göppingen liegt auch regelmäßig mit am niedrigsten im Land, ja der ganzen Bundesrepublik.

Das Gebiet reicht über die Göppinger und Geislinger Umgebung hinaus. Von den zahlreichen reizvollen Kleinlandschaften und Punkten seien einige genannt, die zum Teil auch von Tourenvorschlägen gestreift werden: Reußenstein, Neidlinger Wasserfall, Boßler, Hochalb und Nordalb bei Bad Ditzenbach, Kuchalb und Tegelberg bei Geislingen, Kaltes Feld und Bernhardsberg bei Lauterstein-Degenfeld. In Städten wie Wiesensteig, Geislingen, Göppingen und Schwäbisch Gmünd finden sich kulturelle Gegengewichte zu den natürlichen Höhepunkten. Ein Zusammenspiel von Landschaft, Geschichte und Legende stellen der Hohenstaufen und die gleichnamigen Reste der Burgruine dar. Die

Gebiet ⑦

Abb. 48. Die drei Kaiserberge Stuifen, Hohenstaufen und Hohenrechberg (von links) stehen vom Albtrauf deutlich abgesetzt; Blick von Osten, vom Hornberg.

Burg wurde am Ende des Bauernkrieges vollständig zerstört, vor 15 Jahren z. T. rekonstruiert; ein Modell ist bei der „Barbarossakirche" im Ort Hohenstaufen zu sehen, neben anderen Dokumenten aus staufischer Zeit.
Der Vulkanismus des Kirchheimer-Uracher Raums reicht etwa an die Grenze des Gebietes. Aichelberg und Turmberg sind die nordöstlichsten, größeren Schlote. Sie treten deutlich als dem Trauf vorgelagerte Berge hervor. Eilige Autofahrer, die ohne Halt an dieser Stelle über die Alb Richtung Ulm streben, sollen einmal darauf achten, welche geologische Besonderheit an diesem starken Anstieg der Autobahn liegt!
Außer im Vorland der Südwestalb (Kleiner Heuberg und bis nördlich Tübingen) tritt der Unterjura epsilon = Posidonienschiefer in diesem Gebiet von südlich Kirchheim/Teck bis Göppingen als breite Schichtstufe auf. Die Holzmadener Steinbrüche liegen darin, aus denen neben dem beliebten Werkstein zahlreiche, weltberühmt gewordene Fossilien zum Vorschein gekommen sind. Die wichtigsten Vertreter einer reichen marinen Lebewelt von rund 180 Mio. Jahren Alter sind Ichthyosaurier; schnelle Schwimmer, in Aussehen und Lebensweise ähnlich den heutigen Delphinen; Fische von urtümlicher Gestalt und mit heute nicht mehr bekannten Schuppen; Seelilien, vom Äußeren stark an Blu-

men erinnernd, aber echte Tiere, sowie Ammoniten, Muscheln, Belemniten, diese aber gegenüber den sonstigen Jurafossilien nicht sonderlich herausragend. Die Bedingungen, unter denen es zu der guten Erhaltung auch von Schalen, Haut und Muskeln kommen konnte, sind im Kapitel „Landschaft" näher beschrieben. Ein Besuch des Museums Hauff ist unbedingt empfehlenswert. Daneben zeigen andere Museen des Landkreises Göppingen Versteinerungen aus dem bitumenhaltigen Posidonienschiefer (Jebenhausen u. a.).

Auf Thermal- und Heilbäder des Gebietes wurde schon im Zusammenhang mit dem Vulkanismus im Gebiet 4 hingewiesen. So kann im Winter etwa der Kontrast Skiwanderung – Thermalbad z. B. in Bad Ditzenbach genossen werden.

32 Heiningen – Gammelshausen (Obstlehrpfad) – Landsöhr – Boßler – Neidlingen oder Boll

Ab Heiningen Bf (Bahn 902 ab Göppingen, Bus 7672) hält man sich erst in Richtung „Voralb-Halle", dann entlang der Aussiedlerhöfe Birkhof und Eichhof genau nach Süden nach Gammelshausen. Am südwestlichen Ortsrand (Kornbergstraße) beginnt am Bauhof der Obstlehrpfad, der sich bis fast nach Boll zieht. Laien lernen viele, z. T. unbekannte Obst(baum)sorten kennen, Kenner werden manches wiedersehen, was vielleicht im Garten der Väter stand oder jetzt wieder verstärkt angebaut wird. Die Obstgruppen Kernobst (Apfel, Birne, Quitte als Kulturform, Weißdorn, Eberesche, Felsenbirne, Mispel als genutzte Wildformen), Steinobst (Pflaume, Mandel), Schalenobst (Walnuß, Edelkastanie), Beerenobst und Wildrosenarten sind ausführlich vertreten. Besonders schön, auch wegen der landschaftlichen Lage un-

Abb. 49.
Der Neidlinger Wasserfall.

Tour 32

Abb. 50. Die Ruine Reußenstein über dem Neidlinger Talschluß.

term Trauf und mit Blick in Richtung Kaiserberge, ist der Lehrpfad zur Baumblüte und dann im Spätsommer und Herbst, wenn die eine oder andere Frucht aufgelesen werden kann. Am Ende des Obstpfades kommt man an den bewaldeten Höhenzug des „Reutelen", der stark sandigen (Braunjura beta) Boden mit der „Boller Heide" und zahlreichen Kiefern, Birken und auch Eichen aufweist. Ab hier folgt man bis hinauf zur Ruine Bertaburg dem Zeichen blaues Dreieck. Erst der Sandweg, dann Kieswege, schließlich ein Kamm lassen schnell Höhe gewinnen. Von der Bertaburg sind nur Gräben erhalten. Die Befestigung nutzte wie viele andere Burgen eine günstige, d. h. ausgesetzte Lage, wie man spätestens auf dem Landsöhr sieht. Letzteres ist der Rest eines zur Ur-Fils gerichteten Tals, dessen Höhenlage sich zur Ur-Lone in Beziehung setzen läßt. Ab hier trifft man wieder auf das Zeichen rotes Dreieck, das den Albnordrandweg markiert. Ihm kann man fast bis zum Ende dieser Tour folgen. Wie wirkungsvoll die von Norden her reichenden Bäche abtragen, ist beim Weg in Richtung Boßler sichtbar. Bergab und aus dem Wald hinaus kommt man zur Landstraße Boll – Gruibingen und

zur Autobahn 8, die gerade verlegt wird. Vorübergehend kann durch die Bauarbeiten der Weg etwas umgeleitet werden, die Markierung bleibt aber gleich. Auf einem Wirtschaftsweg geht es am Boßlerhaus (Naturfreunde) vorbei zu dem ausgesetzten Boßlergipfel, der fast 800 m hoch ist. Der Berg weist am Westhang zwei größere Erdschliffe auf, in einem fand in den 20er Jahren ein größerer Erdrutsch statt.
Vom Boßler folgen rund 2,5 km Traufrandwanderung, ehe man entweder am Südhang des Erkenbergs, z. T. durch eine schöne Wacholderheide, nach Neidlingen oder über Häringen nach Weilheim absteigen kann (beide Wege mit blauem Dreieck). Länge bis Neidlingen 19 km, bis Weilheim rd. 22 km. Ab dort Bus 7654 nach Kirchheim. Eine andere Möglichkeit ist der Abstieg ab Boßler oder der Landstraße Boll – Gruibingen durch die Teufelslochschlucht (gute Schuhe!) nach Eckwälden – Bad Boll – Boll. Dabei sollte man zum Schluß die romanische, im staufisch gedrungenen Stil erbaute Boller Stiftskirche besuchen. Ab Boll führen die eingangs erwähnten Bus- und Bahnlinien zurück nach Göppingen. Länge der Runde rd. 18 km, Zeit mind. 5 h.

33 Schwäbisch Gmünd – Rechberg mit geologischem Lehrpfad

Ausgangspunkt ist Schwäbisch Gmünd West, ab Bahnhof (787) fährt die Stadt-Buslinie 5 zur Haltestelle „Fuggerle". Ab dort den Wegweisern „Hölltal, Geologischer Pfad" folgen. Im unteren Hölltal liegt auch ein Wanderparkplatz, den man ab der Ausfahrt Schwäbisch Gmünd West der B 29 erreicht. Der Geologische Pfad beginnt am Parkplatz, folgt bis Rechberg dem Zeichen blauer Punkt und ist mit zahlreichen Tafeln versehen, die zu folgenden Themen völlig ausreichende, anschauliche Erläuterungen geben:
Schichtfolge vom Mittleren Keuper/Stubensandstein bis zum unteren Oberjura; Gesteinsbeschaffenheit und -härte, Auswirkung auf die Landschaftsform wie Verebnung, Steilanstieg, buckliges Gelände; Bodennutzung, Landwirtschaft, Bewuchs. Besonders deutlich sind diese Zusammenhänge am Steilanstieg südlich Metlangen zu sehen. Bei den ersten Häusern von Rechberg-Hinterweiler halte man sich scharf links und erreicht dort die Burgruine Rechberg, von der aus sich der Weg zur Wallfahrtskirche auf den Weißjura-Zeugenberg Hohenrechberg hochzieht. Weglänge ab Bushaltestelle „Fuggerle" 6,5 km bei knapp 400 m Höhengewinn, Zeitbedarf rd. 2½ h mit genügend Zeit an den Tafeln und Aussichten.
Für den Rückweg bietet sich eine kurze Kammwanderung nach Westen zum Aasrücken und dann hinunter nach Reitprechts und wieder nach Schwäbisch Gmünd an, oder man nimmt den Bus zurück in die Stadt. Eine längere Streckenwanderung führt über das Rehgebirge, dabei ständig mit herrlichen Blicken nach allen Richtungen, zur Burgruine Staufeneck und nach Süßen (Bahn 900); ab Rechberg rd. 11 km, 2½–3 h.

Tour 33

34 Skiwanderung Treffelhausen – Messelberg – Schnittlingen

Schnittlingen und Treffelhausen erreicht man ab Geislingen (werktags) mit dem Bus 7688. Ab Treffelhausen Ortsmitte leitet die Weißensteiner Straße zur Loipe, die sich meist über freies Gelände (Wind!) bis zum Messelstein hinüberzieht. Den Blick von dort oben sollten Sie genießen: die Kaiserberge, verschiedene Schlösser und Ruinen aus staufischer Zeit, tief unten Donzdorf. NO' Schnittlingen können die obersten Meter der „Teufelsküche" besucht werden. Weiter hinunter in diese felsige Schlucht (NSG) zu steigen bringt mit Skiern jedoch nichts. – Die Runde mißt gut 12 km ohne den Abstecher in die „Teufelsküche".

35 Radrunden ab Geislingen Anschlüsse in alle Richtungen

Ausgangspunkt ist der Bf Geislingen (900, Radverleih). Gleich hinauf auf ruhiger Landstraße nach Weiler ob Helfenstein kommt der Kreislauf in Schwung. Ein kurzer Abstecher zur Ruine Helfenstein lohnt mit bestem Ausblick auf die „Fünf-Täler-Stadt" Geislingen. Weiter nach Schalkstetten passiert man die Battenau, eine der größten Karstwannen der Alb, in der mehrere Dolinen liegen. Durch Waldhausen, einen Kilometer weiter links ab, durch die Ausläufer des Magentäles, eines Seitentals der Eyb, an Steinenkirch vorbei, dann nach Böhmenkirch. Von hier aus ist der Anschluß zur Albuch-Radrunde über die Rauhe Wiese nach Bartholomä leicht herzustellen. Die kleine Geislinger Runde führt ab Böhmenkirch nach Treffelhausen und das Eybtal hinunter nach Geislingen. Da die Runde nur 35 km bei rd. 350 Höhenmetern mißt, bleibt genügend Zeit z. B. für den Eybursprung, das Mordloch oder einen kleinen Abstecher zu Fuß in eines der felsigen Seitentäler der Eyb.
Erweitern läßt sich die Runde vielfältig: Böhmenkirch – Lauterstein auf der B 466, bergab gut zu fahren (dabei auf keinen Fall ab Steighaus direkt am Bad vorbei nach Weißenstein, dies ist einer der nicht befahrbaren „Grüne-Tisch-Wege"!). Am Ortsende Weißenstein schräg links ab, auf der ehemaligen Bahntrasse ein Stück weit nach Donzdorf. Wer Anstiege (und Aussichten) liebt, klettert ab Donzdorf über Scharfenhof nach Kuchalb und fährt über Stötten wieder flott hinunter nach Geislingen. Diese sportliche Runde mißt rd. 50 km und hat 650 m Anstiege. Sonst kann man über Süßen und Gingen und Kuchen meist auf Wirtschaftswegen und Nebenstraßen nach Geislingen zurückkehren. Man spart keine Strecke, aber 200 m Anstieg. Noch bergiger und aussichtsreicher ist eine Runde ab Lauterstein-Nenningen. Sie führt ins „Herz" der Kaiserberge über das Christental zum Paß an der Reiterleskapelle, unterm Stuifen nach Wißgoldingen und Rechberg, über Ottenbach, das Rehgebirge und Reichenbach nach Donzdorf.

Abb. 51. Wiesensteig mit der Cyriakuskirche, dahinter die Malakoffbrücke der Autobahn Stuttgart – Ulm.

Ab Geislingen führt durch das obere Filstal („Geißentäle") ein ab Bad Überkingen ausgeschilderter Radwanderweg bis Wiesensteig. Der Weg benutzt meist die Trasse der ehemaligen Bahnlinie. Ab Wiesensteig führt am Filsursprung vorbei ein zum Teil lückenhaft ausgeschilderter Radwanderweg nach „Bahnhöfle" – Reußenstein – hinunter nach Neidlingen – Nabern – Kichheim – Plochingen (S-Bahn nach Stuttgart). In der anderen Richtung erschließt dieser Landesradwanderweg die Blaubeurer und Ulmer Alb über Donnstetten – Westerheim – Laichingen.
Mehrere Möglichkeiten zum Anschluß der Uracher Alb entnehme man der topographischen Karte. Zusätzlich zu den grün eingetragenen Vorschlägen sei hier folgender Weg genannt: Donnstetten – Zainingen (schöne Hülbe) – Böhringen – Heidengraben – Grabenstetten – Falkensteiner Höhle – Bad Urach.
Trainierte Radtouristen können sich beim „Alb-Extrem" des MSC Ottenbach austoben: gut 160 km und weit über 2000 Höhenmeter an einem Tag, ein alpiner Anspruch!

Tour 35

Gebiet ⑧
Albuch, Heidenheimer, Stubers-
heimer und Niedere Alb

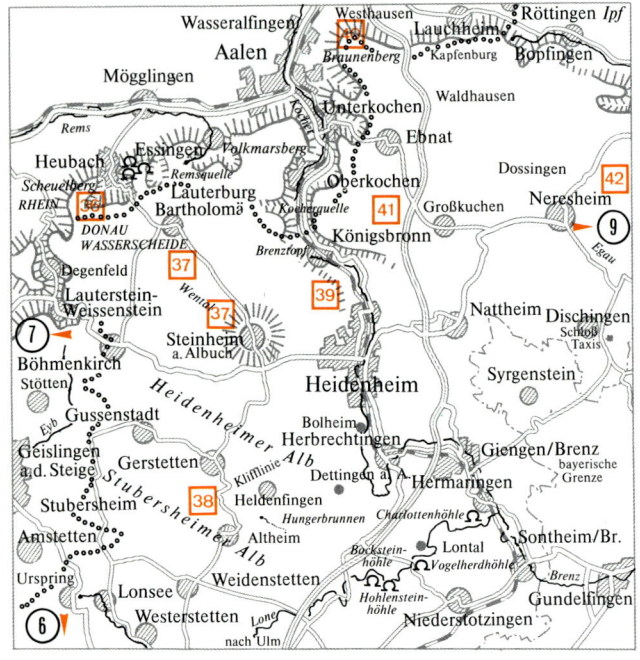

Abb. 52.

In diesem Kapitel werden die Gebiete zwischen Rems, Kocher, Brenz, Lone und ungefähr einer Linie östlich Geislingen – Heubach besprochen. Der Albtrauf im Norden wird weitgehend vom Albnordrandweg erschlossen. An ihm liegt der Rosenstein, der senkrechte Felswände, verschiedene Höhlen und vielfältige Spuren vor- und frühgeschichtlicher Besiedlung sowie eine mittelalterliche Burgruine aufweist. Ebenso erreicht man den Volkmarsberg, dessen Südhang im NSG locker stehende, sehr alte Bäume auf Wacholderheide schmücken, und das Albäumle südlich Aalen mit einem geologischen Lehrpfad.
Der breite Talzug von Aalen über Königsbronn nach Heidenheim wurde im späteren Tertiär durch eine viel weiter nach Norden reichende Brenz ausgeräumt. Wie bei anderen, bereits vorgestellten Tälern der

Alb, wo das Neckar- dem Donausystem das Wasser abgräbt, entspringt der Kocher mittendrin, etliche Kilometer südlich des Traufs. Seine Quelle bei Oberkochen ist eine typische Karstquelle mit schwankender Schüttung. Wenige Kilometer weiter südlich, ohne ausgeprägte Wasserscheide dazwischen, quellen aus einem der größten Karsttöpfe der Alb, dem Brenztopf, durchschnittlich 700 Liter Wasser/Sekunde. Ähnlich wie am Blautopf sind auch hier alle Farben zwischen Hellgrün und Türkisblau zu beobachten, solange nicht nach starken Niederschlägen Schwebstoffe eine bräunliche Trübung hervorrufen.

Die Lone, ebenfalls ein stark gekapptes Flüßchen, fließt am Südrand des Gebietes. An ihr können mehrere Erscheinungen eines heutigen Albflusses gut studiert werden: die Kappung eines viele Kilometer weiter nach Nordwesten reichenden Oberlaufs mit den ehemaligen Nebenflüssen Eyb und obere Fils (die beide heute zum Neckar fließen); dann ein Stück Trockental, zwischen Amstetten-Bahnhof und Ursprung, wo mitten im Ort aus einer Karstquelle die Lone entspringt; schließlich zeigt im weiteren Verlauf das breite Tal an, daß es von einem wasserreicheren, größeren Fluß geschaffen worden ist. Dann kommt man an Versickerungsstellen der Lone, die zwar durch Regulierung und teilweise Verdolung nicht mehr so wie früher „funktionieren". Es ist aber häufig vorgekommen, daß in trockenen Sommern und im Herbst die Lone bei ihrer Einmündung in die Hürbe sehr wenig oder gar kein Wasser führte. Daß auch heute, trotz wasserwirtschaftlicher Maßnahmen, Wasser versickert, zeigt die Nauquelle bei Langenau (siehe Kapitel Ulmer Alb), die zum größten Teil von Lonewasser gespeist wird.

Zu Lone und Brenz führt ein ausgeprägtes Trockentalsystem, ein eindrucksvolles Beispiel ist das Wental zwischen Bartholomä und Steinheim. Bizarre Felsgestalten, in die sich mit ein wenig Phantasie allerlei Figuren hineindeuten lassen, säumen diesen ehemaligen Flußlauf. Es finden sich unübersehbare Spuren am Fuß und mitten in den Wänden der Felsen, die auf fließendes Wasser zurückzuführen sind. Das Wental mündet ins Hirschtal, ebenfalls ein Trockental, dieses führt zum Steinheimer Becken, einer erdgeschichtlichen Besonderheit ersten Ranges: Etwa gleich alt wie das größere und berühmtere Nördlinger Ries (siehe Gebiet 9), wurde das Steinheimer Becken vor knapp 15 Millionen Jahren durch den Einschlag eines kleinen Himmelskörpers, eines Meteoriten, geschaffen. Für die Rekonstruktion der vielfältigen Vorgänge bei einem Meteoreinschlag (Impact) bietet sich hier beste Anschauung, umfassend dargestellt im Sontheimer Meteorkrater-Museum.

Das bereits mehrfach erwähnte Kliff des tertiären Molassemeeres, das von Süden her weit auf die Alb reichte, ist bei Altheim und Heldenfingen schön ausgeprägt. Am Heldenfinger Kliff lassen sich auch die Löcher beobachten, die vor allem Bohrmuscheln in die ehemalige Steilküste getrieben haben. Die heutige Höhenlage der fossilen Küste beträgt hier rund 600 m; sie steigt bis zur SW-Alb auf 850 m an.

Kulturdenkmäler von höchster Bedeutung sind die Höhlen des mittleren Lonetals, besonders die Funde aus der Vogelherd-Höhle. Auf rund 25 000 J. datiert, lassen die Skelett-Teile von Kindern einerseits Kanni-

Abb. 53. Das Kliff bei Heldenfingen, die ehemalige Küste eines tertiären Molassemeeres, mit deutlich erkennbaren Bohrmuschellöchern.

balismus vermuten, andererseits zeigen aber aus Elfenbein des Mammuts geschnitzte Darstellungen von Tieren, daß Eiszeitmenschen bereits Sinn und Zeit für künstlerische und kultische Betätigung hatten. Funde bzw. Kopien nicht nur aus den Lonetal-Höhlen können im Schloß Hellenstein in Heidenheim besichtigt werden.

Eine Besonderheit des Albuchs und des Härtsfeldes (Gebiet 9) sind teilweise bis völlig entkalkte Feuerstein-Lehmböden. Im Gegensatz zu den chemisch neutralen bis basischen Böden auf Kalkstein herrschen hier saurere Verhältnisse. Die Feuersteine – quarzreiche Kiesel – waren während der ganzen Steinzeit gesuchtes Rohmaterial für Handwerkszeug und Waffen. An ihrer Bearbeitung erkennt der Fachmann meist schnell das Alter des Fundes. Gehäuft treten in den Lehmen auch Bohnerze auf, historische Grundlage der Eisenverhüttung auf der Ostalb, die bis mindestens in das 4. Jh. n. Chr. zurückreicht. Wenn die Böden vernäßt sind, halten sich sogar Moore, eine Ausnahme auf der sonst so wasserarmen Albhochfläche. Die ursprüngliche Pflanzengesellschaft dieser Böden besteht aus Birken, Stieleichen, Buchen, Vogelbeeren, Weiden. Sie ist jedoch in der Minderheit gegenüber Nadelhölzern, insbesondere Fichten. Diese wurden im großen Stil angepflanzt, nachdem Anfang des 19. Jh. der hohe Bedarf an Holz für die Eisenerz-Verhüttung und für Heizzwecke dem Wald schwer zugesetzt hatte. Heute bedecken Wälder weitaus mehr Flächenanteile des Albuchs und Härtsfeldes als im Durchschnitt der gesamten Alb (rd. 35%). Bis vor wenigen Jahren sah man den hohen Nadelwald-Anteil als durchaus standortgerecht für die herrschenden Bodenverhältnisse an. Da inzwischen das Waldsterben vor fast keiner Baumart mehr haltmacht, gibt es derzeit kein Patentrezept zur Erhaltung genau dieser Waldgesellschaft.

36 Rundwanderung von Heubach aus

Es beginnt mit einer kühlen Schlucht mit Wasserfall, führt über eine sonnige Wacholderheide und endet mit einer (beinahen) Kammwanderung: Von Heubach (Bus 7934 Aalen – Schwäbisch Gmünd) Stadtmitte ein Stück an der Straße in Richtung Bartholomä, dann nach dem roten Dreieck (Albnordrandweg) im Tal des Beurener Bachs knapp einen Kilometer bis zu einem Wanderparkplatz. Dort links ab nach der roten Raute das Tumbachtal hinauf, das in der Teufelsklinge unterm Steilabfall der Alb endet. Wir erreichen immer der roten Raute nach etwa die halbe Höhe und kommen an einer Wegkreuzung zum Hinweis „Ursprung des Wasserfalls". Nach kräftigen Regenfällen und zur Schneeschmelze sind die Karstspalte, aus der das Wasser quillt, und der Wasserfall, der mehrstufig zur Teufelsklinge stürzt, beeindruckend. Doch auch bei geringer Wasserführung sind für diesen Abstecher und den folgenden Wegabschnitt gute Schuhe zu empfehlen. Wieder zurück an der Wegkreuzung weiter nach der roten Raute durch ein vor wenigen Jahren aufgeforstetes Gebiet, dessen Ränder fast undurchdringlich erscheinen. Über den Nägelberg und den „Gmünder Weg" kommt man nach einer Serpentine und gut einem Kilometer hinauf zu einem Kiesweg, den man nach rechts zum Bargauer Kreuz benutzt. Abstieg von hier direkt nach Beuren und Heubach auf dem Albnordrandweg. Weiter, aussichtsreicher und schöner ist ein Abstecher zum Bargauer Horn und anschließend der Rückweg übers „Himmelreich" und den Scheuelberg. Am Bargauer Horn, das man vom Bargauer Kreuz in wenigen Minuten erreicht, ist der sonnige Steilhang mit einer locker von Wetterbuchen bestandenen Wacholderheide bedeckt, dazu die typische Trockenflora, u. a. Silberdistel, stengellose Kratzdistel, Berg-Flockenblume. Auch die Aussicht nach Westen zu den Kaiserbergen lohnt den Abstecher. Vom Bargauer Kreuz hinunter nach Norden (roter Dreiblock) und übers „Himmelreich" (Naturfreundehaus, Mi. und an Wochenenden) zum Scheuelberg, über ihn entweder am Südhang („Küchenschellenweg") ohne Markierung oder schattiger im Wald nach dem roten Dreiblock wieder nach Heubach. Die Runde mißt 14 km, 400 m Anstieg, rd. 4 h.

Tour 36

37 Sontheim mit geologischem Wanderweg – Wental – Weiherwiesen – Lauterburg (– Rosenstein) – Heubach

Sontheim bei Steinheim am Albuch erreicht man mit der Buslinie 7688 Göppingen – Donzdorf – Lauterstein – Heidenheim.
Vom Steinheimer Becken kann man sich erst einmal einen „geballten" Überblick im Meteorkratermuseum in Sontheim verschaffen und anschließend den ausgeschilderten geologischen Wanderweg von 6 oder 9 km Länge abgehen. Dafür ist insgesamt ein halber Tag zu veranschlagen. Ab Steinheim nach gelbem Dreiblock geht es die aufeinander folgenden Abschnitte Hirschtal, Gnannental, Wental, Steinernes Meer aufwärts, in denen zuletzt ein eiszeitlicher Fluß ständig floß. Bis zum Bau des Staudamms im unteren Gnannental konnten sporadische Hochwässer aus dem an sich trockenen Tal Steinheim bedrohen. Dolomit-Felsen mit bezeichnenden, phantasievollen Namen wie „Wentalweible", „Bischofsmütze", „Nilpferd" und Tafeln eines Waldlehrpfads säumen den Weg, an dem beim Steinernen Meer ein Gasthof liegt, der Einkehr oder Übernachtung ermöglicht. Im obersten Wental, etwa 1 km O' Bartholomä, kommt man an zwei künstlich erweiterten Dolinen vorbei, in denen die geklärten Abwässer von Bartholomä versenkt werden. Durch Färbeversuche wurde ermittelt, daß die Abwässer nach rd. 3 Tagen wieder im Brenztopf von Königsbronn zum Vorschein kommen. Ab diesem Teil der Kläranlage folgt man zunächst der gelben Raute, dann dem gelben Dreieck, um zu den Weiherwiesen zu gelangen. Diese auf Feuersteinlehm gelegenen nassen Wiesen bekamen erst vor kurzer Zeit den ursprünglich vorhandenen Weiher zurück, der lange Zeit trockengelegen hatte. Nicht weit von diesem NSG, das durch den Schwäbischen Heimatbund wieder zu seiner Bedeutung kam, finden sich historische Bohnerzgruben. Man kann die Tour nun beliebig beschließen: nach Lauterburg, von dort auf den Rosenstein, diesen vielleicht umrunden mit Besuch (einer) der Höhlen, dann hinunter nach Heubach oder nach Bartholomä. Oder Sie wählen die andere Richtung des Albnordrandwegs, mit Ziel Volkmarsberg – Oberkochen oder Albäumle nach Aalen (Bahnlinien 787 Stuttgart – Nördlingen und 788 Lauda – Crailsheim – Ulm). In allen Fällen sind $1^1/_2$ bis 2 Tage notwendig, um die Vielfalt an Eindrücken gleich verarbeiten zu können. Sontheim – Wental – Weiherwiesen – Volkmarsberg – Aalen rd. 30 km, nach Oberkochen 26 km. Sontheim – Tauchenweiler bei den Weiherwiesen – Lauterburg – Rosenstein–Rundweg – Heubach rd. 31 km, dazu kommen jeweils die 6 oder 9 km der beiden Varianten des Meteorkraterwegs ab Sontheim. Als Winterwanderung auf Ski benötigt dieser Vorschlag sicher etwas mehr Kraft und Zeit, wenn keine guten Skispuren vorhanden sind. Große Wegstrecken zwischen Steinernem Meer, Lauterburg, Tauchenweiler und am Volkmarsberg und Albäumle verlaufen aber auf regelmäßig gepflegten Loipen.

Abb. 54. Die Weiherwiesen bei Tauchenweiler auf dem Albuch.

| 38 | **Ski- oder Fußwanderung auf den Altheimer und Gerstetter Loipen mit Abstecher zum Hungerbrunnen** | |

Vom Parkplatz an der Einmündung des Hirschtals in das Hungerbrunnental an der Landstraße Altheim – Gerstetten kann man sich insgesamt 33 km Skiwanderloipen durch meist bewaldete Trockentäler, weniger über freie Höhen erschließen. Von diesem Ausgangspunkt ist es auch nur ein kurzer Abstecher zum Hungerbrunnen, den fließen zu sehen aber von vielen Zufällen abhängt. Bus Langenau – Altheim 7523, Bahn (selten und v. a. werktags) Amstetten – Gerstetten 906.

| 39 | **Radrunden über den Albuch und die Heidenheimer Alb mit Anschlüssen in alle Richtungen** | |

Die Runde läuft ab Oberkochen (Bahnlinie 788) gegen den Uhrzeigersinn, man kann aber je nach Museumsöffnungszeiten, Windrichtung oder persönlichem Interesse auch woanders starten und andersherum

Abb. 55. Das Felsenmeer im oberen Wental.

fahren. Ab Oberkochen Bf ein kurzes Stück Hauptstraße nach Süden aus der Stadt hinaus, dann zum Ursprung des Schwarzen Kocher, einer Quelle im seichten Karst mit Schüttung zwischen 100 und 800 l/s. Weiter ein kleines Stück nach Süden, aber dann nach Westen in das Tiefe Tal; beachten Sie dabei den ausgeprägten Schwemmkegel des Tiefen Tals in den trockenen Talzug zwischen Kocher und Brenz. Nach einem langen, nicht zu steilen Anstieg ist Tauchenweiler erreicht, von dort sind Abstecher zu den Bohnerzgruben und zu den Weiherwiesen möglich. Die nächsten Stationen sind Lauterburg, die Wanderparkplätze am oberen Ende der Heubacher Steige nach Bartholomä, Bargauer Kreuz und Horn. Dort am westlichen Ende des Albuchs dreht man ab nach Süden, kommt über die Kitzinger Ebene, die Kitzinghöfe, Bartholomä, das Wental, Steinheim und das untere Stubental nach Heidenheim. Länge dieser kürzeren Runde rd. 60 km. Rückkehr über das Brenztal stets auf dem ausgeschilderten Landesradwanderweg über Schnaitheim (Heidenheim Bf bis Itzelberger See O' der Bahn) – Itzelberg – Königsbronn nach Oberkochen, rd. 16 km. Den Brenztopf und das Königsbronner Torhausmuseum mit einer Geschichte der Eisenverhüttung sollte man dabei besuchen.

Die Tour läßt sich auf gut 100 km erweitern, wenn man ab den Kitzinghöfen W' Bartholomä nach Süden abbiegt: Birkenhülbe – Rauhe Wiese

mit einem kleinen Moor, NSG – Steinlinde – Böhmenkirch – Steinenkirch – Gussenstadt (Heimatmuseum) – Gerstetten – Heldenfingen (Kliff) – Dettingen/Albuch – Lenzenhöfe – Bissingen – Vogelherdhöhle – Lontal (Kirche St. Ulrich) – Charlottenhöhle – Hürben (Heimatmuseum mit Funden aus den Höhlen, Hürbequelle mit Wasser aus der Brenzschleife bei Eselsburg) – Eselsburg – Eselsburger Tal (Felsen am Trockenrasen-Hang) – Herbrechtingen westl. Stadtteil – zwischen Bahn und Brenz, an der Kläranlage Mergelstetten und dem Zementwerk (Zementmergel) entlang – Heidenheim – Oberkochen. Dafür werden dann mit Besichtigungen 1$^{1}/_{2}$ bis 2 Tage nötig sein.
Anschluß nach Westen in Böhmenkirch zur Tour 35 – Geislingen über das Eybtal.
Anschluß nach Süden über Lonetal – Lindenau – Rammingen – Donaumoos – Elchingen – Ulm (Landesradwanderweg).
Anschluß nach Osten: Hürben – Giengen – Nattheim auf Landesradwanderweg oder Schnaitheim – Aufhausen – Waibertal – Rotensohl – Kleinkuchen – Steinweiler – Neresheim.
Anschluß nach Norden: Unterkochen – Himmlingen – Röthardt – Braunenberg – Kapfenburg – Bopfingen.

Gebiet ⑨
Härtsfeld und südlicher Riesrand (Vor-Ries) bis zur Wörnitz

Mit dem Härtsfeld, an dessen Ostende vor etwa 15 Mio. J. ein Meteor einschlug und den Rieskrater hinterließ, und sanft zur Donau abfallenden Hügeln läuft die Schwäbische Alb nach Osten aus. Im Gegensatz zu den anderen Gebieten überragen nur noch wenige Erhebungen die 700-m-Marke. Damit zeigt sich die allmähliche Abflachung und Einkippung der gesamten Albtafel von Südwesten nach Nordosten und zur Donau hin auch hier. Der bereits bekannte Steilabfall des Traufs ist am Nordrand des Härtsfelds zu finden, von Wasseralfingen über Kapfenburg bis Bopfingen. Ihm vorgelagert ist der berühmte, markante, fast waldfreie Ipf, der spätestens in keltischer Zeit Befestigungsanlagen erhielt.
Unabhängig von der geringeren Meereshöhe besitzt der östlichste Teil der Alb eine für Europa einmalige, naturgegebene Besonderheit: den Rand zum Meteorkrater des Rieses. Infolge des katastrophalen Einschlags eines kosmischen Körpers vor rd. 14,7 Mio. J. entwickelten sich Landschaft und eine Zeitlang auch Tier- und Pflanzenwelt vollkommen anders als auf der restlichen Alb, ausgenommen vielleicht im Steinheimer Becken, das zu fast der gleichen Zeit gebildet wurde.

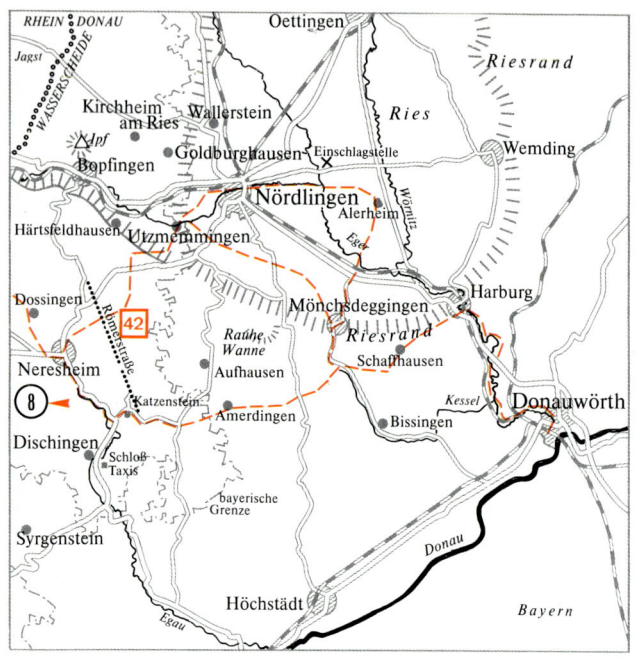

Abb. 56.

Von dem wirklich „blitzschnellen" Meteoreinschlag sollen einige errechnete Vorgänge kurz geschildert werden: Ein Eisenmeteorit von rd. 600 m oder ein Steinmeteorit von rd. 1200 m Durchmesser geriet zu nahe an die Erde, durchbrach praktisch ungebremst die Erdatmosphäre, verglühte aber wegen seiner ungewöhnlichen Größe nicht wie die anderen, kleineren Himmelskörper, die häufig in die Nähe der Erde kommen. Er schlug mit einer Geschwindigkeit von etwa 100 000 km/h = 30 km/s auf der Ostalb ein. Er durchbohrte die Gesteine – Sedimente und dann das kristalline Grundgebirge – innerhalb von Sekundenbruchteilen und er selbst und mit ihm minimal ein, eher mehrere Kubikkilometer Gestein wurden komprimiert und verdampft. Daher finden sich heute keine Überreste des Meteors, was die Deutung des Ereignisses lange so sehr erschwert hat. Recht schnell vom Zentrum der Katastrophe abnehmend wurde das Gestein geschmolzen (zu Gläsern), mineralisch umgewandelt, deformiert oder zerbrochen. Gleichzeitig wurden ungeheure Mengen des unterschiedlich veränderten Gesteins ausgeworfen, mindestens 150 Kubikkilometer (150 000 000 000 m^3). Dabei wurden die „Bunten Trümmermassen" zuerst und am weitesten in die Umgebung verfrachtet; sie schrammten örtlich die Ränder des entstehenden Kraters, so daß man eine Zeitlang die Kratzer für Spuren eines Gletschers hielt. Die Trümmer liegen von staubfein bis zur Größe von rd. 1 km^3 vor. Nur wenig später kamen die Gesteine zum Auswurf, in denen durch höhere Drücke und Temperaturen Komponenten geschmolzen und umgewandelt wurden. Diese „Suevite" („Schwabenstein") enthalten in einer mehr oder weniger zertrümmerten Grundgebirgsmasse Gesteinsgläser. Sie wurden daher lange Zeit als Beweis für eine vulkanische Entstehung des Rieses angesehen, weil es ähnliche Gläser an vielen Vulkanen der Welt gibt. Suevit wurde wohl bis zu 20 km hoch geschleudert, fiel steil in den Krater oder recht nahe an seine Ränder. Er wurde in zahlreichen Steinbrüchen abgebaut und findet sich an vielen älteren Gebäuden in und um Nördlingen. Genau besehen entstand ein zusammengesetzter Krater: der innere mit rd. 11 km Durchmesser, von dem ein nach Nordosten offenes U aneinandergereihter Hügel, die aber zum Teil halb verschüttet sind, blieb, und der außen fast runde Kessel von 20 bis 24 km Durchmesser, dessen Randwall deutlich in der Landschaft hervortritt. Der größere Krater entstand vor allem durch Ausgleichsbewegungen der Gesteinsschollen im Anschluß an den Meteoreinschlag. Bei kleineren Kratern wie dem Steinheimer ist der innere Wall durch einen Zentralhügel ersetzt. Beide Arten sind auf dem Mond in reicher Zahl und Vielfalt zu beobachten.

Abb. 57. Der Rieskraterrand bei Mönchsdeggingen (Foto: D. Deutschmann).

Der Krater füllte sich ziemlich rasch mit Wasser und Schutt, den die unterbrochenen Flüsse, darunter bereits die Wörnitz, herbeischafften. Zudem bildeten im Wasser lebende Tiere die Riesseekalke. Der See dürfte rd. 2 Mio. J. bestanden haben, dann war er von Tonen, Kalken, Mergeln erfüllt, und die alten Abflüsse hatten sich – leicht verändert – wieder eingespielt. Seit knapp 13 Mio. J. räumen nun die Flüsse die ursprünglich bis zu den Rändern des äußeren Walles reichenden Sedimente wieder teilweise aus. So schauen heute manche Kuppen der härteren Riessee-Kalke aus der Ebene, nicht zu verwechseln mit den Kristallinschollen des inneren Kraterwalls. Im damals warmen, subtropischen Klima verdunstete so viel Wasser, daß der See recht salzhaltig wurde und nur wenigen „Spezialisten" als Lebensraum dienen konnte. Um den See herum war die Pflanzen- und Tierwelt offenbar um so vielfältiger. Versteinerungen in den Riesseekalken (durch Algen und schalenbildende Weichtiere gebildet) und z. T. seltene Einschlüsse wie Vogelfedern oder Insekten zeigen ein recht genaues Bild der damaligen Lebewelt. Im Nördlinger Reichsstadtmuseum oder auch im Steinheimer Meteorkratermuseum sind schöne Fundstücke ausgestellt.

Die Radtour ab Donauwörth streift verschiedene, gut sichtbare Erscheinungen am und im Ries sowie im südlich anschließenden Vor-Ries, das von bis zu 50 m mächtigen Trümmermassen bedeckt ist.

Einfluß auf die Pflanzenwelt heute hat besonders die niedrigere Höhenlage des Rieskessels. Weite Gebiete liegen unter 450 m Höhe, zudem schirmen die randlichen Hügel Niederschläge ab. So ist das Ries eine wahre „Kornkammer". Ganz anders zeigt sich der Westen des Gebiets, das Härtsfeld mit Höhen knapp über und unter 700 m. Wie bereits erwähnt, sind auch hier Feuersteinlehme verbreitet. Umfangreich war der Holzbedarf für die Eisenverhüttung, die ihre historische Grundlage in der Bohnerzgewinnung hier und im Eisenerzbergbau um Königsbronn und Wasseralfingen hat. Das Holz wurde in Form von Holzkohle in die Schmelzöfen gegeben. Diese wurde in Kohlemeilern hergestellt, von denen es heute noch 2 betriebene gibt: bei Rotensohl – Nietheim, wo die Tour 41 hinführt. Wichtige Abnehmer sind Grillbesitzer, dagegen benötigt die Metallindustrie nur noch wenig Holzkohle.

Wie auf dem Albuch ist auf den stark bewaldeten nördlichen Teilen des Härtsfeldes der Anteil der Fichte sehr hoch, rund 70%. Höher soll er nicht anwachsen, örtlich werden auch wieder Buchen gepflanzt.

40 Bergbaulehrpfad Wasseralfingen – Röthardt, im Winter mit Loipe am Braunenberg

Bester Ausgangspunkt für den Pfad ist das Ghs. „Erzgrube" oberhalb Wasseralfingen (Bahn 787, Stadtbus ab Aalen), an der Kreisstraße nach Röthardt. Dorthin auch ab Aalen Hbf am Freibad vorbei durch das

Hirschbachtal. Der Bergbau vom 14. bis in unser Jahrhundert auf die Eisenerze des Braunjura beta wird auf zahlreichen Tafeln erläutert, Teile der Anlagen sind noch erhalten, ein Stollen soll wieder zugänglich gemacht werden. Die Themen sind z. B. Bergbau und Waldwirtschaft, Bergbau und Geologie, ferner werden entlang des Pfades die verschiedenen Baumarten des Traufwaldes vorgestellt. Schatten ist auf dem knapp 2,5 km langen Lehrpfad reichlich vorhanden, für zusätzliche Kühlung im Hochsommer könnte ein abschließender Besuch in einem der nahen Freibäder sorgen. Im Winter läßt sich eine Loipenrunde am Braunenberg (Zugang beim Naturfreundehaus, Länge 10 km) mit dem Bergbaulehrpfad verknüpfen. Starke Langlauf-Abfahrer können dazu über die Skiabfahrt am Braunenberg direkt auf den Lehrpfad stoßen.

41 Von den Dolinen bei Ochsenberg zu den Kohlemeilern bei Nietheim, südliche Ebnater Loipe

Am nördlichen Ortsrand Ochsenbergs, einem Teil von Königsbronn, kann man am Wanderparkplatz diese Runde beginnen. Die riesige Weidebuche des „Judenbuschs" am Waldrand, dann einige markante Dolinen, zum Teil wassererfüllt und Feuchtbiotop, im Gewann „Falchen" säumen den Weg. Dann folgt man am Waldrand der gelben Raute, bald der roten im Wald drinnen, passiert die „Singereiche", kommt über den Hügel des „Kohlhau" und erreicht am Waldrand westlich Niesitz ggf. die Loipe „Maria Eich" südlich Ebnat. Nun nach dem roten Dreiblock nach Diepertsbuch, dann nach roter Raute und bald ohne Zeichen unter der Autobahn 7 hindurch in das Krätzental. Dieses zum Teil eng gewundene Trockental abwärts bis Großkuchen und beliebig durch den Ort oder am Rand vorbei nach Südwesten, ein Stück nach gelbem Dreiblock. Ein Trockental mit Wiesen ragt nördlich Rotensohl weit in den Wald hinein, wir verfolgen es, um unter der Autobahn zu den zwei betriebenen Meilern bei den „Kohlplatten" zu kommen. Nach jahrhundertealter Tradition wird hier in zwei Familienbetrieben vor allem Buchen- und Eichenholz innerhalb weniger Tage zu Holzkohle verschwelt. Ungefähr 25 Raummeter Holz werden aufgeschichtet, abgedeckt mit Heu und Holzkohle vom letzten Meiler, dann von oben her angesteckt. Der Absatz des Produkts ist vor allem in der Grillsaison gut.

Von den Meilern auf oder neben einer kleinen Straße nach Nietheim, dort Einkehr möglich. Ab hier folgt man nach Westen dem roten Dreiblock, verläßt diesen Weg nach knapp drei Kilometern, kommt noch im Wald an der „Eckbuche" vorbei und wieder zurück nach Ochsenberg. Rund 23 km mit geringen Höhenunterschieden benötigen zu Fuß etwa $5^1/_2$ h; im Winter dürften je nach Schnee und Spur 1 bis 2 Stunden mehr oder weniger erforderlich sein.

42 — Radrunde ab Nördlingen zum Härtsfeld mit Anschluß nach Westen

Nördlingen liegt an der Bahnlinie 787 von Stuttgart und 917 von Donauwörth her, Ulm – Donauwörth – Regensburg 911/919. Zu Beginn oder am Ende der Tour sollte man sich etwas Zeit für die ehemalige freie Reichsstadt nehmen, die von einem vollständig erhaltenen Mauerring mit 5 Stadttoren umschlossen wird. Darstellungen zur Geologie, Früh- und Vorgeschichte sowie ein Modell der Schlacht von 1634, die südlich der Stadt stattfand und nach der etliche süddeutsche Städte schlimme Raubzüge und Plünderungen über sich ergehen lassen mußten, sind nur drei Beispiele für die reichhaltigen Ausstellungsstücke im Reichsstadtmuseum. Auf kleiner Straße nach Südwesten: Bergmühle – Nähermemmingen – Walkmühle – Utzmemmingen – römischer Gutshof. Von dort kann man zu Fuß zu den nahen Ofnethöhlen auf einen Rieskraterrand-Hügel steigen. Die Höhlenfunde deuten auf eine Besiedlung des Rieses seit etwa 40 000 Jahren. Berühmt wurden sie durch Schädel, die alle mit dem Gesicht nach Westen – wohl rituell – bestattet wurden. Weiter steigt der Weg zur Altebürg, an einem Ghs. vorbei zum historischen Steinbruch, aus dessen Suevit viele große Nördlinger Gebäude errichtet wurden. Vom Steinbruch geht es nach weiß-rot-weißem Zeichen weiter nach Westen den Berg hinauf, zum Schluß steil. Über die B 466 hinweg auf einer kleinen Landstraße nach Schweindorf, weiter nach Hohlenstein – Schloß und Kloster Neresheim. Glanzstück dieser ehem. Benediktinerabtei ist die riesige Kirche, 1747 bis 1792 nach Plänen von Balthasar NEUMANN erbaut. Unten im Tal entspringt die Egau, die sich die Landeswasserversorgung auch zunutze macht. Das Tal abwärts zum gestauten Härtsfeldsee, der zur Rast lädt, über Katzenstein (Schloß mit wuchtigem Bergfried) – Dunstelkingen – Eglingen nach Amerdingen im oberen Kesseltal. Am südlichen Ortsrand von Amerdingen sind Riestrümmermassen aufgeschlossen. Das Kesseltal wird ab Thalheim tiefer, windet sich malerisch. Wir verfolgen es über Tuifstädt nach Untermagerbein. Ab dort steigt unser Weg in einem Trockental, das wohl älter als das Ries ist, bis kurz südlich Mönchsdeggingen. Bei der flotten Abfahrt wird die Einsenkung des Kraters in die Umgebung deutlich. Unterm Thermalbad am westlichen Ortsrand ist der Kraterrand gut aufgeschlossen, auch (zerbrochene) Fossilien sind in den schiefgestellten Weißjurakalken recht häufig. Für den Weg zurück nach Nördlingen gibt es zwei Möglichkeiten: Ziswingen (O' großer Steinbruch) – Lierheim – über Hügel des inneren Walls – Alerheim – südlich an Deiningen vorbei über Wirtschaftswege nach Nördlingen, Länge der Runde ca. 80 km. Ein anderer Weg führt ab Mönchsdeggingen nach Balgheim – Betzenmühle – Schmähingen zum Albuch, dem Hügel der Schlacht von 1634, und zurück nach Nördlingen.

Will man die Alb ganz überqueren, ist Start in Donauwörth ratsam: über die Wörnitz in den historischen Kern der Stadt, die stark befahrene

Abb. 58. Die Wörnitz unter der Harburg – Grenze der Schwäbischen Alb zum Fränkischen Jura.

Reichsstraße überqueren zu den Anlagen am nordöstlichen Rand der Altstadt. Durch einen ehemaligen Bahntunnel und dann auf dem Damm geht es nach Felsheim – Wörnitzstein – über die Brücke – Ebermergen – über Wörnitz und B 25 – Brünsee – Harburg. Nun den Albansstieg von Osten her nach Schaffhausen – Rohrbach – Untermagerbein und beliebig über das Ries oder das Kesseltal wie beschrieben weiter.

Anschluß ab Neresheim nach Westen: Dossinger Tal – Elchingen – NSG Dellenhäule (Wacholderheide und Eichenhain) – Beuren (am Ortsanfang scharf links), Wirtschaftsweg bis zur Landstraße nach Waldhausen – Richtung Arlesberg – ca. 1,5 km N' Waldhausen links die „Alte Straße" – Simmisweiler – Waldwege am Grünenberg vorbei zum Braunenberg, zum Schluß am Naturfreundehaus steil abwärts nach Röthardt (Bergbaupfad) – Aalen oder Unterkochen über Himmlingen.

Anhang

Verkehrsverbindungen, Telefonnummern, Öffnungszeiten

Bahnlinien:
720 Offenburg – Donaueschingen – Singen – Konstanz
736 Museumsbahn Blumberg-Zollhaus – Weizen
740 Stuttgart – Rottweil – Tuttlingen – Singen
742 Rottweil – Villingen
755 Immendingen – Tuttlingen – Sigmaringen – Ehingen – Ulm
760 Stuttgart – Reutlingen – Tübingen
761 Plochingen – Kirchheim/Teck – Oberlenningen
762 Nürtingen – Neuffen, auch histor. Dampfzüge
763 Kleinengstingen – Gammertingen, histor. Dampfsonderzüge
766 Tübingen – Balingen – Sigmaringen – Aulendorf
769 Sigmaringen – Gammertingen – Hechingen
787 Stuttgart – Aalen – Nördlingen
788 Lauda – Crailsheim – Aalen – Ulm
900 Stuttgart – Ulm – München
902 Göppingen – Boll
906 Amstetten – Gerstetten, auch histor. Dampfzüge

Buslinien sind meist bei den Touren vermerkt.

Fahrradverleih der Bahn: Aalen, Biberach, Blaubeuren, Bopfingen, Geislingen, Immendingen, Metzingen, Schwenningen, Sigmaringen, Tiengen, Tübingen, Tuttlingen, Ulm, Villingen, Waldshut (bitte erkundigen, ob im Sommerhalbjahr oder ganzjährig).

Museen, Lehrpfade, Schlösser (Auswahl, bezogen auf die Vorschläge)
Aalen: Limesmuseum, Geologisch-Paläontologisches Museum, 07361/500-301 (Verkehrsamt), Geologischer Pfad am Albäumle
Albstadt-Ebingen: Museum im Kräuterkasten, 1986 Abt. für Vor-und Frühgeschichte, demnächst geplant Paläontologie, Tiere und Pflanzen der Alb;
Städt. Galerie mit Landschaften der Alb, Di – So 10–12, 14–17 (Do bis 19)
Albstadt-Lautlingen: Musikhistorische Sammlg., Mi u. Sa 14–17, So 10–12, 14–17
Balingen: Museum für Waagen und Gewicht im Zollernschloß, Mo, Mi, Fr u. 1. Sa i. Monat 14–16, 07433/ 12449
Blaubeuren: Urgeschichtliches Museum, im Winter nur So, sonst Di – So, 07344/1317
Burladingen-Melchingen: Dorfmuseum, 07126/252

Giengen-Hürben: Heimatmuseum mit frühgeschichtl. Abt., 07322/1391; Charlottenhöhle, April – September täglich
Hayingen: Naturtheater, 07386/286
Heidenheim: Schloß Hellenstein, u. a. frühgeschichtl. Museum, 07321/43381 o. 49194; Museum im Römerbad, 07321/327-395; Museum über den Landverkehr in Baden-Württemberg
Hohenstaufen: bei der Barbarossakirche Staufer-Dokumentation, 15. 3.–15. 11. 10 – 12, 14–17
Holzmaden: Museum Hauff, Di – So 9 –12, 13–17
Hundersingen (Heuneburg): Keltenmuseum, täglich 13–16, So zusätzlich 9–11.30
Kolbinger Höhle: im Sommer Sa 14–17, So 10–12, 14–17
Laichingen: Tiefenhöhle, Karfreitag – 1.5. Sa u. So, 1.5. – 1. 10. täglich 9–17, 07333/5586; Heimat- und Webereimuseum, April – Oktober So 13–17, 07333/6389
Marbach: Gestüt 1.4. – 31. 10. 8–12, 13–18, sonst gleich, aber abends bis 16; Gestütsmuseum in Offenhausen
Metzingen: Weinbaumuseum, im Sommer So 10–17, Führungen c/o 07381/3512
Metzingen – Neuffen: geologischer Wanderweg, Ströhmfeldweg
Mochental: ehem. Sommersitz v. Zwiefalten, Kunstgalerie und Besenmuseum, Di–Fr 10–12, 14–17, Sa 14–17, So 10–17
Mühlheim/Donau: Galluskapelle, Schlüssel bei Buhl am Friedhof
Nebelhöhle: 1.4.–31. 10. täglich ab 9
Nördlingen: Stadtmuseum, Einlaß und Führung (nach Voranmeldung) zur vollen Stunde Di Fr 9, 10, 11, 14, 15, 16, Sa/So 10, 11, 14, 15, 09081/84120
Obermarchtal: Klosteranlage, Führungen c/o Hornung, 07375/242
Schwäbisch Gmünd: Geologischer Pfad ab Höllbachtal W' der Stadt
Sontheimer Höhle (bei Laichingen): an Wochenenden im Sommer
Steinheim-Sontheim/Albuch: Meteorkratermuseum, Sa 14–17, So 9–12, 14–17 u. n. Vereinbarung, 07329/6044
Trossingen: Heimatmuseum, u.a. erdgeschichtl. Abt., April – November 2. u. 4. So i. Monat, 14–17, sonst n. Vereinb. für Gruppen 07425/1402 o. 1290 o. 6507
Tuttlingen: Heimatmuseum Mi u. So 14–17; geologischer Lehrpfad N' der Stadt
Ulm: Brotmuseum Di–So 10–17
Wimsener Höhle: Sommersaison 9–18

Jugendherbergen: c/o Landesverband Schwaben e.V., Urachstr. 37, 7000 Stuttgart 1

Albvereins-Wanderheime und -Aussichtstürme: c/o Schwäbischer Albverein, Hospitalstr. 21 B, 7000 Stuttgart 1

Naturfreundehäuser: c/o Landesverband Württemberg e.V., Neue Str. 150, 7000 Stuttgart 1

Anhang

Literaturverzeichnis

BEURLEN, K.: Geologie, Stuttgart 1978
DIETERICH, H. et. al.: Urwald von morgen. Bannwaldgebiete der Landesforstverwaltung Baden-Württemberg, Stuttgart 1970
FISCHER, F.: Der Heidengraben bei Grabenstetten, Stuttgart 1982
GEYER. O. F., u. GWINNER, M. P.: Die Schwäbische Alb und ihr Vorland, Berlin/Stuttgart 1984
GRADMANN, R.: Das Pflanzenleben der Schwäbischen Alb, Stuttgart 1950
HAHN, J., MÜLLER-BECK, H., TAUTE, W.: Eiszeithöhlen im Lonetal, Stuttgart 1985
KIMMIG, W.: Die Heuneburg an der oberen Donau, Stuttgart 1983
KLUCKERT, E.: Württemberg-Hohenzollern, DuMont-Kunstreiseführer, Köln 1985
LAUX, H. E., u. KELLER, R.: Unsere Orchideen, sehen, erkennen, schützen, Stuttgart 1984
MÜLLER, W.: Vom Schöpfbrunnen zum Wasserwerk. Zwei Jahrtausende Wasserversorgung in Baden-Württemberg, Stuttgart/Aalen 1981
OEFTIGER, C., u. WAGNER, E.: Der Rosenstein bei Heubach, Stuttgart 1985
WAGNER, E.: Eiszeitjäger im Blaubeurener Tal, Stuttgart 1983
WAGNER, G. (Hrsg.): Die Schwäbische Alb. Werden und Wesen, Essen 1958

kosmos

Karl Beuerlen
Geologie
Die Geschichte der Erde und des Lebens
320 S., 250 z. T. farb. Abb.,
3 geolog. Ktn., geb. im Schuber

Andreas E. Richter
Handbuch des Fossiliensammlers
Ein Wegweiser für die Praxis und Führer zur Bestimmung von mehr als 1300 Fossilien
461 S., 1191 z. T. farb. Abb., 81 Tab., geb. im Schuber

Richard Moody
Fossilien erkennen
220 wichtige und verbreitete Fossilien in Farbe
128 S., 234 meist farb. Abb., kartoniert

P. Bell/D. Wright
Gesteine und ihre Mineralien finden und bestimmen
192 S., 614 meist farb. Abb., 2 Tab., kart. in Klarsichthülle

Überall dort, wo es Bücher gibt!

kosmos Naturführer

D. Aichele/M. Golte-Bechtle
Was blüht denn da?
Wildwachsende Blütenpflanzen Mitteleuropas
427 S., 1707 meist farb. Abb., kart. in Klarsichthülle

Wolfgang Dierl
Welcher Käfer ist das?
Die häufigsten Käfer Mitteleuropas
128 S., 169 meist farb. Abb., kart. in Klarsichthülle

Detlef Singer
Singvögel
Alle mitteleuropäischen Singvögel
128 S., 188 meist farb. Abb., kart. in Klarsichthülle

Theodor Mebs
Eulen und Käuze
Alle europäischen Eulen und Käuze
125 S., 120 meist farb. Abb., kart. in Klarsichthülle